AF537132

MARTIN HAIDINGER

DIE FREIMAURER UND IHR GEHEIMNIS

MARTIN HAIDINGER

DIE FREIMAURER UND IHR GEHEIMNIS

12 FRAGEN AN DEN GROSSMEISTER GEORG SEMLER

Umschlagmotiv, Fotos: B. M.
Umschlaggestaltung, Layout, Satz: Fhöni Klapper
Transkript: Ing. Michael Mossgöller
Lektorat: Martin Bruny

Herstellung: Prime Rate Kft., Budapest

ISBN 978-3-99098-174-0

INHALT

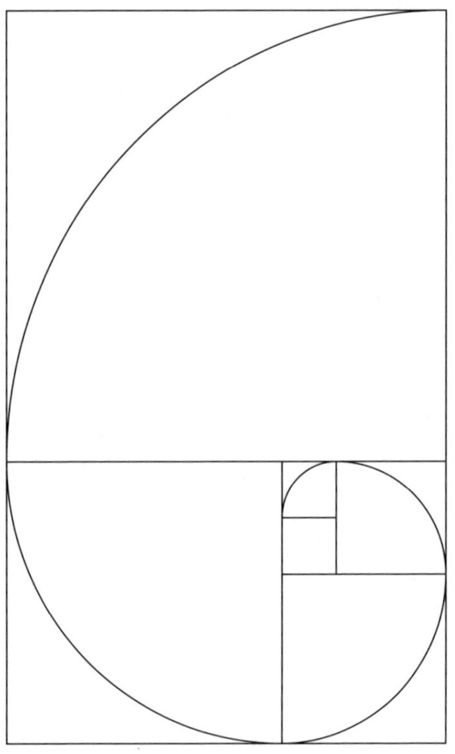

PROLOG

„Dann ist es wie von Geisterhand passiert ...“ Seit mehr als 300 Jahren ist die Freimaurerei mit ihren Geheimnissen die bekannteste aller diskreten Gesellschaften. Geschichten und Gerüchte ranken sich um sie, von sagenhaftem Einfluss auf Politik und Gesellschaft ist dabei die Rede, aber auch von Weisheit und Wohltätigkeit. Die reguläre Freimaurerei betreibt keine Öffentlichkeitsarbeit – zumindest nicht in Österreich. Sie kennt keine Tage der offenen Tür, veranstaltet keine Nachwuchsseminare. Die Gründe dafür sind vielfältig: Stellt man sich als harmloser Herrenclub dar, wird man banal und uninteressant. Betont man zu sehr das Geheimnisvolle, könnten falsche Erwartungen geweckt werden. Und auf Verschwörungstheorien und andere, teils absurde Anwürfe von außen reagiert die Freimaurerei erst recht nicht. Welcher eingefleischte Gegner würde ihr auch Glauben schenken? Umso bemerkenswerter ist es, dass sich der amtierende Großmeister der Großloge von Österreich Georg Semler den kritischen Fragen eines Journalisten stellt, der sich seit Jahren in Büchern und Medienprodukten mit Männerbünden beschäftigt, die öffentlich oder unter der Haut der Gesellschaft existieren und arbeiten.

DER AUTOR
UND DER GROSSMEISTER

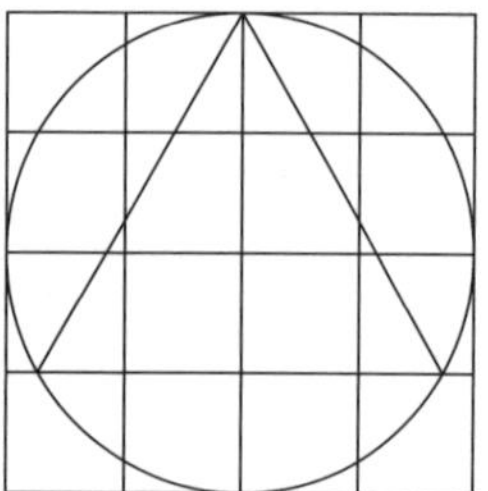

Prof. Mag. Martin Haidinger, geboren 1969 in Wien, Historiker und Journalist, Wissenschaftsredakteur des ORF-Radios, Leiter der Ö1-Sendereihen „Salzburger Nachtstudio" und „Science Arena", beschäftigt sich seit vielen Jahren mit Männerbünden und diskreten Gesellschaften. Zahlreiche Buchpublikationen (darunter: „Unter Brüdern"), Vorträge und Beiträge für internationale Medien (Deutschlandfunk, WDR, NZZ, „Die Presse am Sonntag", „Kurier", „Wiener Zeitung", „Die Furche" ...).

Dr. Georg Semler, geboren 1958 in Wien, Unternehmer, ist seit mehr als 30 Jahren Freimaurer, war mehrmals Meister vom Stuhl (Vorstand) seiner Loge und ist seit 2014 Großmeister der Großloge von Österreich (GlvÖ). Er vertritt die Interessen von 3800 Freimaurern in 83 Logen im ganzen Bundesgebiet.

ZUM GELEIT

„Wirklich? Wollen *die* das?", fragt mich ungläubig mein Freund, ein bekannter Wiener Schauspieler, nachdem ich ihm erzählt habe, dass ich dabei bin, ein Buch über die Freimaurer und ihr Geheimnis zu schreiben. Ja, tatsächlich, die wissen davon und sind gesprächsbereit!

Aber wie veröffentlicht man das Geheimnis eines „Geheimbundes"? Ist das nicht ein Widerspruch in sich? Gewiss, es wäre nicht der erste in der mehr als 300 Jahre alten, offiziell bekannten Geschichte dieser diskreten Gesellschaft „freier Männer von gutem Ruf". Und gibt's da nicht bereits genug Literatur, die das ganze Spektrum von nüchterner Datenaufzählung bis hin zu wildesten Verschwörungstheorien bedient? 2.150.000 Nennungen zeitigt das Wort „Freimaurer" allein in der deutschsprachigen *Wikipedia*. Muss da nicht schon längst alles irgendwo irgendwie von irgendwem gesagt worden sein?

Nun, wer sich tiefer in die Materie begibt, merkt bald, dass die Flut an Büchern, Daten und Gerüchten das Bild nicht klarer, sondern zusehends unschärfer macht. Vor allem im Internet mischt sich bemerkenswert offen Erzähltes aus dem „Inner Circle" der Wissenden mit erkennbarem Schwachsinn, realistisch Erscheinendes mit offenkundig Erfundenem. Dazu kommen noch reine PR-Artikel masonischer (das heißt freimaurerischer) Institutionen, vor allem aber die umfangreichen Publikationen der geschworenen ideologischen Gegner der Freimaurerei, die mehr oder weniger offen mit einem Kampfauftrag agieren – meistens betulich, polemisch, wenig informativ und für den Wahrheitssucher unbefriedigend. Wie um alles in der Welt soll man da zum wahren Kern vordringen?

Freimaurerei: Die große Unbekannte nannte der Jesuit Michel Dierickx sein berühmtes Buch, das 1967 in den Niederlanden erschienen ist und seither in viele Sprachen übersetzt wurde. Und auch wenn dieser Autor als katholischer Geistlicher aus historischen Gründen eine spezielle, in seinem Fall durchaus nicht abschätzige Haltung zur Freimaurerei hatte, so gibt es doch ein buntes Spektrum von Autoren jeder Religion, Ideologie und Weltanschauung, die nicht derart um Objektivität in der Sache und Sorgfalt in den Details bemüht sind wie Dierickx und die offensichtlich im Dunkeln tappen. Ja mehr noch: Könnte es sein, dass die Freimaurerei Rätsel birgt, die vielleicht nicht einmal alle Freimaurer selbst für sich gelöst haben?

Grund genug, sich mit kritischen Fragen zu dieser großen Unbekannten an einen Mann zu wenden, der schon aus seiner Funktion heraus Antworten geben kann, ja geben sollte. Denn ein Großmeister ist nicht nur das auf Zeit gewählte Oberhaupt einer Großloge, eines Dachverbands von Freimaurerlogen eines Landes oder einer Region, sondern auch als „Außenminister" dieser Körperschaft das Sprachrohr nach außen, in die „profane" Welt, wie die Freimaurer sie zu nennen pflegen.

Zwölf Gespräche mit Georg Semler, dem seit 2014 amtierenden Großmeister der „Großloge von Österreich der Alten, Freien und Angenommenen Maurer", sollen Licht ins Dunkel einer Welt von Geheimnissen bringen, durchaus mit dem Anspruch des „Zauberlehrlings" in den Worten des Freimaurers Johann Wolfgang von Goethe:

DENN ALS GEISTER
RUFT EUCH NUR ZU SEINEM ZWECKE,
ERST HERVOR DER ALTE MEISTER.

Und tatsächlich lichtet sich der Nebel von Kapitel zu Kapitel, werden immer mehr Konturen einer diskreten Gesellschaft erkennbar, die so viele Menschen seit Jahrhunderten positiv wie negativ fasziniert. Unser Rundgang in die Welt der Geheimnisse beginnt – ausgerechnet – in aller Öffentlichkeit!

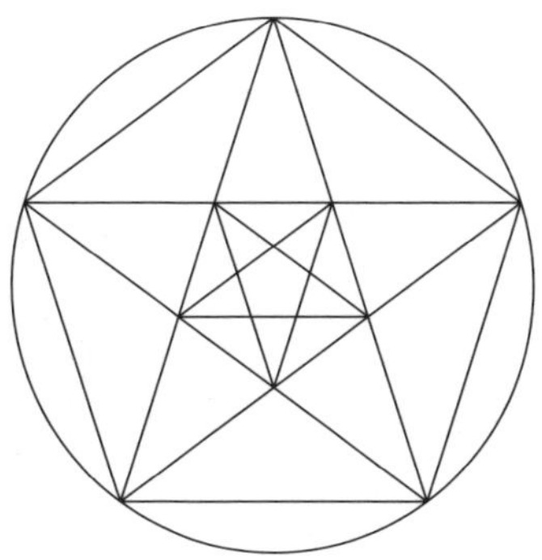

3
Rauhensteingasse

DAS GEHEIMNIS

Wir treffen Georg Semler in einem Wiener Kaffeehaus, seit jeher der Tummelplatz jener, die laut dem Literaten Peter Altenberg nicht zu Hause und doch nicht an der frischen Luft sein wollen. Hier wird Zeitung gelesen, Privates wie Geschäftliches verhandelt und auch eifrig belauscht, was die Leute an den Nebentischen plaudern – es gibt kaum einen öffentlicheren, einen indiskreteren Verweilort. Semler ist im profanen Leben Unternehmer und wirkt vollkommen ruhig und souverän. Liegt es daran, dass das Extrazimmer des Cafés noch leer ist? Nein, auch dass wir hier bald von neugierigen Ohren umzingelt sein könnten, stört ihn nicht ...

MARTIN HAIDINGER: Großmeister Semler, was dürfen Sie eigentlich in diesem öffentlichen Raum über die Freimaurerei erzählen? Sie ist doch mit einem geheimnisvollen Touch ausgestattet. Was von diesem Geheimnis dürfen Sie denn hier ausplaudern?

GEORG SEMLER: Geheimnisvoll heißt nicht, dass alles einem Geheimnis unterliegt, aber es führt natürlich dazu, dass Menschen darin auch eine Projektionsfläche finden. Was ist denn nun wirklich geheim? De facto geheim sind die Mitgliederlisten und die Namen der lebenden Brüder, der lebenden Freimaurer. Und selbst das ist nur bedingt geheim, denn jeder kann über sich selbst sagen, dass er Freimaurer ist. Es ist nur in unseren Kreisen nicht üblich, dass man es über einen anderen sagt, denn Freimaurer handeln immer auf eigenes Risiko, und es ist mitunter risikobehaftet, sich zu erkennen zu geben. Dieses Wagnis soll jeder für sich selbst beurteilen und einschätzen.

HAIDINGER: Nicht in allen Ländern sind die Mitgliederlisten geheim. In Norwegen kann man sie angeblich sogar in der Buchhandlung kaufen. Dort gibt's aber auch an den Prozentzahlen der Bevölkerung gemessen sehr viele Freimaurer. Man liest von 18.500 bei einer Einwohnerzahl von 5.400.000. Doch bleiben wir mal bei den Verhältnissen in Mitteleuropa, in Österreich: Hier sind's ja nur 3800 Freimaurer (oder 4500, wenn man jene außerhalb der Großloge von Österreich mitrechnet) bei über neun Millionen Einwohnern ...

SEMLER: Es hängt nicht so sehr mit den Mitgliederzahlen zusammen, sondern mit den historisch-politischen Verhältnissen. In Ländern mit katholischen Herrschern oder mit katholischer Staatsreligion stellte das Geheimnis eine Schutzfunktion dar. Denn die römisch-katholische Kirche hatte bekanntermaßen Probleme, nennen wir es Missverständnisse, mit der Freimaurerei. In evangelischen Ländern war und ist das weniger der Fall, weil es kaum Spannungsverhältnisse zwischen evangelischen Kirchen und der Freimaurerei gab, zumindest nicht in der lutherischen oder anglikanischen Variante. Dort konnten sich Freimaurer als solche meistens frei bewegen, und es brauchte kein Geheimnis als Schutz.

HAIDINGER: Was außer die Mitglieder gibt es denn überhaupt geheim zu halten? Die Rituale allein sagen ja für den Außenstehenden wahrscheinlich noch nicht viel darüber aus, worin das Geheimnis der Freimaurerei besteht.

SEMLER: Unsere Rituale sind immer wieder in die Öffentlichkeit gebracht worden, doch diese wusste damit nichts anzufangen. Es ist vielleicht wie beim Lesen einer Partitur. Selbst wenn man sehr gut Noten lesen kann, hört man deshalb noch lange nicht die Philharmoniker spielen. Das geschriebene Wort, die Beschreibung des Ablaufs, ist etwas völlig anderes als das gemeinschaftliche Erleben eines Rituals. Und das führt auch schon zu dem Geheimnis, das nicht verraten werden kann. Es besteht in der magischen Form, wie Brüder miteinander umgehen, wie sie das Gemeinsame erleben, erlebbar machen. Diese Atmosphäre, diese Emotion kann nicht verraten, die kann eben nur erlebt werden.

HAIDINGER: Das glauben Ihnen aber viele nicht, die argwöhnen, dass durchaus auch im rituellen Geschehen ein Geheimnis liegt. Sie haben gerade die Magie angesprochen, es muss doch mehr dahinter sein, denken sich viele Menschen, da muss doch etwas sein, was es offensichtlich um jeden Preis vor der Öffentlichkeit zu verbergen gilt.

SEMLER: Rituale verfolgen mehrere Ziele. Eines davon ist, Geborgenheit zu schaffen. Das liegt in der Redundanz und der Wiederholung der Gesten und Worte. Andererseits sollen Rituale Denkanstöße liefern, und das gelingt auch. Durch im Ritual aufgeführte Episoden werden Bilder geliefert, die in den Köpfen derer, die sich das anschauen und sich darauf einlassen, etwas machen. Es sind Impulse, die ausstrahlen. Diese Impulse können nicht verraten, sondern nur erlebt werden. Dazu ein Vergleich: Die Kunst bemüht sich seit Jahrhunderten, den Begriff Liebe zu beschreiben. Wir alle wissen, was Liebe ist, wenn wir sie erlebt haben, doch der noch so talentierteste und begnadetste Schriftsteller oder Musiker kann sich mit seinen

Methoden dem Begriff Liebe bestenfalls annähern – er kann ihn aber nie endgültig erklären. Verstehen wird man das alles nur, wenn man es erlebt hat.

HAIDINGER: Nun hat aber jeder Mensch, ohne irgendwo initiiert zu sein, ohne in einen Kreis aufgenommen worden zu sein, die Chance, Liebe zu erfahren. Die Freimaurer sind allerdings ein exklusiver Verein, eine Vereinigung, wo das nicht jedem zuteilwird – nur wenn man „drin" ist, nicht, wenn man „draußen" ist.

SEMLER: Die Exklusivität wird oft missverstanden und mit einem sozialen Status verwechselt oder mit der wirtschaftlichen Situation, die jemand mitbringen muss. Um das geht es aber in der Freimaurerei überhaupt nicht. Hier kommen Menschen herein, die moralische Standards einhalten.
Es ist auch der Begriff „Eliten" oft in einem rein negativen Zusammenhang konnotiert. Wenn man sie aber als moralische Eliten definiert, als Menschen, die ihre Werte ernst nehmen und ernsthaft leben und das auch in ihrem Leben verkörpern wollen, verliert dieser Begriff der Elite – der moralischen Elite – jeden negativen Beigeschmack, und es bleibt nur etwas Positives übrig.
Und das ist der Filter, nach dem wir unsere Mitglieder aufnehmen. Wir haben diese Standards seit über 300 Jahren, sie haben sich bestens bewährt. Daher wollen wir diese Standards und legen auf diesen moralischen Kompass, den jeder, der zu uns kommt, in sich haben muss, großen Wert. Alle anderen Dinge sind belanglos und spielen kaum eine Rolle.

HAIDINGER: Das Stichwort „Moral" hängt mit dem Geheimnis insofern zusammen, als man, wenn man einem Moralbegriff anhängt, auch ein Wertesystem haben muss. Und das legt wiederum nahe, dass man einen

Wertekanon erstellt hat, eine Art Katechismus. Dann kommt sogleich die Verdächtigung auf, dass die Freimaurerei so etwas wie eine Pseudoreligion sei, eine Sekte gar. Es gibt andererseits auch welche, vor allem aus dem katholisch-traditionalistischen Bereich, die behaupten: Das ist eine Antikirche! Wie begegnet man dem als Freimaurer, wo man doch nichts outen kann? „Nein diese Unterstellungen stimmen nicht, weil ..." – und bei diesem „weil" stockt der Maurer schon, weil er ja keine Details erzählen darf, oder?

SEMLER: Es ist zugegebenermaßen etwas holprig, wenn man eine Sache in einem negativen Ausschlussverfahren erklären will, in dem man immer darauf herumreitet, was sie *nicht* ist. Natürlich kann ich Ihnen leicht begründen, warum die Freimaurerei keine Religion ist: Die katholische Kirche hat in den Anfängen der Maurerei geglaubt, dass das eine neue Modereligion wird, weil so viele – auch politisch einflussreiche – Menschen diesen Gedanken angehangen sind. Nur ist es keine Religion, und es ist alles andere als eine Sekte. Freimaurerei ist vielmehr so etwas wie ein Sammelbecken von Individualisten und viel weniger konform, als die meisten Menschen annehmen würden.
Ich werde manchmal gefragt, ob es zu einem bestimmten Thema eine Meinung der Freimaurer gibt, und ich erwidere, dass es dazu keine „Meinung der Freimaurer" geben kann! In Österreich darf ich für 3800 Freimaurer sprechen, und deren Meinungen sind ganz unterschiedlich. Wenn ich sie alle zusammenfasse, kommt entweder als Kompromiss eine belanglose Plattitüde heraus, oder es ist eben ein differenziertes Bild mit 3800 Einzelmeinungen. Das erklärt schon, dass es bei aller Gemeinsamkeit sehr viel Individuelles gibt.

HAIDINGER: Aber diese Gemeinsamkeit bleibt ja doch ein wirkliches Rätsel – vielleicht auch für die Freimaurer selbst. Wenn Sie sagen, Sie haben

3800 Einzelmeinungen – was ist denn dann das tatsächlich Verbindende dieser Individualisten?

SEMLER: Das wirklich Verbindende sind einige Grundprinzipien, die Freimaurer einzuhalten gewohnt sind. Das ist der moralische Wertekompass, den sie haben ...

HAIDINGER: Worin besteht der? Bei „Moral" entstehen sofort Bilder im Kopf. Die strengen Christen sagen zum Beispiel so wie die Muslime: Kein Sex vor der Ehe! Das versteht man gemeinhin unter Moral. Haben auch die Freimaurer so strikte, ausschließende Richtlinien, die besagen: Wenn du das oder das tust, dann kannst du kein Freimaurer sein ...

SEMLER: Auch das ist sehr individuell. Der Gradmesser für die Moral ist das persönliche Gewissen. Jeder reflektierte Mensch hat so etwas wie einen inneren Kompass. Wir sagen: Das Gewissen, diesen unerbittlichen Richter, der in deiner Brust wohnt, das kann dir niemand anderer oktroyieren. Es ist das Ergebnis deines Lebensweges, deiner Schule, die du durchlaufen hast, deiner Einflüsse, die du erfahren hast, und auch des Einflusses der Freimaurerei, dich in die richtige Richtung zu bringen, dass du ein „anständiges Leben" führst, deine Entscheidungen nach anständigen Kriterien ausrichtest, dass es kein korrumpiertes System ist, sondern dass es auf den Menschen bezogen ist und auf das, was menschliche Moral ausmacht: die Humanität, das Verständnis für andere Menschen, Toleranz. Das sind die Grundprinzipien, die wir in unserer Brust tragen.

HAIDINGER: Das ist ja ein höherer Anspruch als so manche andere – sag ich einmal – Gesinnungsgemeinschaft hat. Denn wir sind doch umgeben von Parteien, Verbänden, politischen oder gesellschaftlichen Institutionen, die alle permanent auf dem Prüfstand stehen und von denen man oft sagt, sie seien verlottert, unmoralisch, korrupt ... Schafft es die Freimaurerei, ihren hohen Standard einzuhalten?

SEMLER: Wir versuchen es. Freimaurerei ist die tägliche Arbeit an sich selbst, diesem Ideal näher zu kommen, wohlwissend, dass keiner von uns ein idealer Mensch ist. Wir haben das Bild des rauen Steins – das ist der Mensch, der sich noch nicht mit sich selbst beschäftigt und nach diesen Wertmaßstäben ausgerichtet hat. Dieser entwickelt sich zu einem glatten Stein – das ist ein Stein beziehungsweise ein Mensch, der eine derartige Moral in sich hat, dass er sich nahtlos in die Reihe moralisch geerdeter Menschen einfügen kann.
Was uns von anderen Organisationen, von Parteien, von Wirtschaftsverbänden oder was immer unterscheidet? Wir wollen keine Macht ausüben! Wir haben daher keine Zielsetzung in der Politik oder Wirtschaft, denn in diesen anderen Organisationen wird ja sehr oft nach dem Grundsatz verfahren: Der Zweck heiligt die Mittel. Wenn es um den Machterhalt oder den Machterwerb geht, ist sehr vieles zulässig. Wir aber streben nach keiner institutionellen Macht, nach keiner Weltherrschaft, keiner staatlichen Macht, sondern wollen in unserem Rahmen den Brüdern die Möglichkeit geben, sich mit sich selbst zu konfrontieren. Die Freimaurerei ist, richtig verstanden, eine Reise zu sich selbst, zu der man bereit ist, am Beginn seiner Tätigkeit aufzubrechen. Und schließlich stellt man fest, dass es eine unglaublich spannende Reise ist. Diese Reise zu sich selbst erfordert viel Mut, weil man mitunter draufkommt, dass man das eine oder andere in sich trägt, das vielleicht gar nicht so edel ist. Mit dem sollte man sich dann konfrontieren.

HAIDINGER: Kommen wir vielleicht wieder zurück zum Begriff des Geheimnisses. Sind die Freimaurer geheim, weil sie verfolgt wurden, oder wurden sie verfolgt, weil sie geheim sind?

SEMLER: Das ist eine spannende Frage ... Es ist ein bisschen wie beim Henne-Ei-Problem, so wird wohl die Antwort lauten müssen. Möglicherweise haben sich die Freimaurer aufgrund der Verfolgung durch die katholische Kirche und dieses historischen Missverständnisses, dass sich hier eine neue konkurrierende Religion auftun wird, mehr nach innen gekehrt, weil sie sich von der Kirche nicht stören lassen wollten. Damit haben sie auch die Schotten dichtgemacht. Das wurde wiederum als Beweis dafür verwendet, dass sie etwas zu verbergen hatten, wobei es eine ganz normale menschliche Reaktion ist, dass man jemandem, der einem nicht gut gesinnt ist, nicht immer die Brust öffnet und ungeschützt gegenübertritt. Und das ist halt einfach ein Prozess gewesen, in dem sich beide Seiten wechselseitig aufgeschaukelt haben.
Die Idee der Freimaurerei konnte allerdings auch in jenen Ländern nicht ausgerottet werden, wo katholische Herrscherhäuser Konzessionen an die Institution katholische Kirche machten, um ihre Herrschaft ausüben zu können. Um etwa römisch-deutscher Kaiser werden zu können, musste man eine Bedingung erfüllen, und die hat geheißen: „Bei uns gibt es keine Freimaurer!“ Die Idee aber war damit nicht auszurotten.
In Österreich gibt es die Freimaurerei jetzt seit bald 240 Jahren. 1784 ist die Großloge von Österreich gegründet worden. In diesen 240 Jahren war die Freimaurerei länger verboten als erlaubt. Sie war am Anfang erlaubt und dann bis 1918 durchgehend verboten. Die längste Phase der Legalität begann nach dem Ende des Zweiten Weltkrieges und dem Fall des Naziregimes. Seitdem herrscht hier 80 Jahre Frieden. So lange konnten Freimaurer vorher noch nie ungehindert in Österreich arbeiten.

HAIDINGER: Wenn man Freimaurer fragt – ich bin gespannt, ob Sie das auch so sehen –, ob und warum sie geheim sind, kommt oft als Antwort: „Wir sind nicht geheim, wir sind diskret!“ Was ist der Unterschied zwischen diskret und geheim?

SEMLER: Ich glaube, dass das „Geheime“ in der Tat was verbergen will und darum geheim gehalten wird, während das „Diskrete“ schon rein sprachlich der diskrete Umgang mit etwas ist, wonach unter normalen Umständen niemand fragt. Jedenfalls nicht diskret wäre es, wenn jemand durch die Lande zöge und im Kaffeehaus damit renommieren würde, dass er Freimaurer sei. Das ist Gott sei Dank durch die Diskretion nicht möglich.

HAIDINGER: Gibt’s aber auch! Es soll welche geben, die ganz schön damit angeben.

SEMLER: Mitunter gibt es welche, die damit angeben, von denen allerdings nur einige wenige tatsächlich Freimaurer sind. Die werden dann aber von den Brüdern meist zurechtgewiesen, da das kein erwünschtes Verhalten ist.

HAIDINGER: Mit dem Geheimnis zu spielen, um sich selbst interessant zu machen, ist zwar ein Faktor, der zutiefst menschlich ist, aber bei den Freimaurern als Verfehlung gilt, oder?

SEMLER: Das Spiel mit dem Geheimnis ist oft mehr dem Adressaten geschuldet als dem Absender. Der Umstand, dass wir nicht immer alles zeigen ... Na ja, vergleichen wir’s mit einer eleganten Dame: Sie wird einen Blitzer gewähren, doch sie würde nie alles zeigen. Das weckt natürlich die eine oder andere Fantasie und wird damit zu einer Projektionsfläche für Außenstehende.

HAIDINGER: Georg Semler, wir befinden uns hier in einem Café in der Wiener Innenstadt. Das ist ein öffentlicher Raum. Wir sitzen in einem Extrazimmer, das vorher noch leer war, jetzt füllt es sich mählich. Menschen kommen herein, man wird mit der in unserer zivilisierten Gesellschaft üblichen, distanzierten, aber höflichen Nichtachtung bedacht. Das ist das, was kultivierte Menschen in der Öffentlichkeit machen ... Bis vor wenigen Minuten waren wir allein, also diskret, aber nicht geheimnisvoll, denn wir sind in dieses Lokal offen hineingegangen, wir haben offen über Freimaurerei gesprochen. Kann man sagen, dass die Freimaurerei in ihrer Art so eine Funktion hat, ein gesellschaftliches Extrazimmer zu sein, wo man vielleicht die Türen schließen kann, aber jeder weiß, dass es dieses Extrazimmer gibt?

SEMLER: Das ist ein sehr schönes Bild, das ich gerne aufgreife. Es sind ja – und das spricht gegen jede Geheimhaltung – im Rahmen des österreichischen Vereinsrechts alle Logen im Vereinsregister eingetragen, auch der Zusammenschluss der Logen, die Großloge. Die Organe der Großloge findet man alle im Vereinsregister. Wir halten uns an alle staatlichen Gesetze, wir erfüllen alle Auflagen, üben allerdings auch die Möglichkeiten des Vereinsgesetzes aus. Die Vereine können sich selbst aussuchen, wen sie als Mitglied haben wollen und wen nicht. Das kann das Geschlecht, das kann Charaktereigenschaften, das kann was auch immer betreffen. Von diesen Rechten machen wir Gebrauch, aber wir sind öffentlich, und es gibt eben den Großmeister, der bekannt und zur Not immer erreichbar ist.

HAIDINGER: Erhalten Sie viele Anrufe von außen?

SEMLER: Gelegentlich. Der Großteil der Anrufe ist aber ziemlich banal.

HAIDINGER: Die wollen wissen, wann die nächste Regierung stürzt und wann die Weltregierung, oder?

SEMLER: Ja, aber es ist mitunter noch banaler. Es sind Menschen, die einen Job suchen oder eine Wohnung brauchen oder einen Kindergartenplatz für die Enkelin. Und auch wenn wir uns die Humanität auf die Fahnen geschrieben haben, ist es – mit Verlaub – nicht unsere Kernaufgabe, all diese Wünsche zu erfüllen.

DER ZWECK DER ARBEIT

Was tun Freimaurer, und warum tun sie es – bei ihren Treffen, im Alltag? Wer sich für die „Königliche Kunst“ (so ein schmückendes Beiwort des Bundes, frei nach Platons Philosophiebegriff „Liebe zur Weisheit“) interessiert, dem sei zunächst einmal der Besuch des Freimaurer-Museums in Schloss Rosenau in Niederösterreich empfohlen. Dieses eindrucksvolle Schloss aus dem Jahr 1593, das im 18. Jahrhundert vom Renaissance- zum Barockschloss umgebaut wurde, ist weit über die Grenzen Österreichs hinaus von Bedeutung, findet sich in seinen Mauern doch neben einer erlesenen Ausstellung der älteste erhaltene historische Freimaurer-Tempel Mitteleuropas (erstmals um 1740 eingerichtet), in dem auch nach wie vor öfter rituelle Zusammenkünfte abgehalten werden. Dort, aber genauso in anderen Freimaurer-Museen und Freimaurer-Ausstellungen rund um die Welt sowie gelegentlich in Auktionshäusern und auf Online-Verkaufsplattformen, zeigt sich ein vielfarbiges Bild von Symbolen, rätselhaften Gegenständen bis hin zum Kitsch, was auf ein vermeintlich buntes Treiben in den Logen schließen lässt. Einschlägige Trinkgläser und Tafelgeschirr tun ein Übriges, um den Eindruck geselliger Runden fröhlicher Herren zu vermitteln.

All das spiegelt allerdings den Sinn der Freimaurerei in einem nur sehr unvollständigen Ausmaß wider. Denn wenn auch die Brüder untereinander vielfältige Kontakte pflegen, so geht doch der Zweck ihrer Aktivitäten viel weiter und tiefer. Er hat weniger mit Lustbarkeit denn mit Arbeit zu tun. Ein wenig davon erfahren wir in den *Alten Pflichten eines freien Maurers*, einem Konstitutionsbuch, das der reformierte schottische Prediger James Anderson im Jahr 1723, kurz nach der Gründung der ersten Großloge von England 1717, verfasst hat. Aus den darin enthaltenen Verhaltensregeln kann man zumindest erahnen, worum es sich in der Freimaurerei drehen könnte.

Wenn auch die *Alten Pflichten* noch heute für Angehörige regulärer Logen gültig und bindend sind, so bleibt doch die Frage, was abseits dieses barocken Textes der Zweck der Maurerei im 21. Jahrhundert ist. Obwohl wir mitbekommen haben, dass die österreichischen Freimaurer um den Preis einer gewissen Mythenbildung keine Öffentlichkeitsarbeit betreiben, stellen wir dennoch diese brennend aktuelle Frage an Großmeister Semler. Mal sehen, was er zu enthüllen bereit ist …

HAIDINGER: Die Freimaurer nennen ihre Treffen nicht umsonst „Arbeiten". Können Sie für uns definieren, was der Zweck dieser Arbeit ist?

SEMLER Die freimaurerische Arbeit und die Frage nach ihrem Zweck – das ist das, was in einem übergeordneten Sinn die Arbeit an sich selbst ist. Wir kennen in der Tradition der alten Steinmetze in den Dombauhütten das Bild des „rauen Steins", der zum „glatten Stein" werden soll, um die Verschorfungen an der eigenen Persönlichkeit durch Bearbeitung, durch Konfrontation damit abzutragen, einzuebnen, mit sich selbst ins Reine zu kommen. Und warum findet das in der Gemeinschaft statt? Weil es gut funktioniert! Die Loge ist ein Resonanzraum, aus dem man Impulse schöpft, und diese Impulse machen etwas mit einem, bringen einen zum Nachdenken, zur Selbstreflexion. Das ist der eigentliche Zweck der Arbeit.

HAIDINGER: Das klingt fast nach einer Art Gruppentherapie ...

SEMLER: Na ja, auf mich wirkt der Begriff Gruppentherapie ein wenig zu medizinisch. Das sind ja keine psychiatrischen Fälle, die einander da treffen, sondern Persönlichkeiten, die in ihrer Unterschiedlichkeit die Pluralität der Freimaurerei ausmachen. Der Zweck der Arbeit ist auch, den Geist zu erhellen. Und erhellend ist, wenn Menschen ganz unterschiedlicher Ausprägung, auch beruflicher Prägung, sich mit ein und demselben Thema beschäftigen. Der Reiz dieser Arbeit ist, die Vielschichtigkeit von Lösungen erkennen zu können. Es ergibt einen Unterschied – wenn ein Problem auf dem Tisch liegt –, ob sich dazu ein Musiker äußert, der einen völlig anderen Zugang hat als der neben ihm sitzende Rechtsanwalt, der einen völlig anderen Zugang hat als ein Historiker, der neben ihm sitzt und einen völlig anderen Zugang zu dem Problem hat als der Primararzt, der daneben sitzt ... Und diese Pluralität, diese Unterschiedlichkeit der Betrachtung eines Problems unter Aufzeigen von Lösungsmöglichkeiten, das ist der Zweck der Arbeit. Das belebt uns, das erhellt den Geist.

HAIDINGER: Das erinnert jetzt wiederum an ein gesellschaftspolitisches Programm.

SEMLER: Zumindest hat es mehr von Gesellschaftspolitik als von medizinischer Selbsthilfegruppe, um die vorige Frage nachträglich noch zu beantworten. Natürlich bewegt sich Freimaurerei nicht in einem luftleeren Raum ohne Bezug zu ihrer Zeit und der Umgebung, in der das Leben stattfindet. Und selbstverständlich ist die Freimaurerei etwas, das sich immer mit Gesellschaftspolitik beschäftigt und auch in die Politik hineinwirkt.

Jedenfalls wirkt der einzelne Freimaurer hinein. Die Gesellschaftspolitik interessiert uns, weil sie eines dieser Themen ist, die uns nie loslassen – nie loslassen können!

HAIDINGER: Man kann im Internet und in der Literatur sehr viel nachlesen, auch Teile Ihrer Rituale. Ein geleakter Slogan daraus lautet: „Wie hier im Wort, so im Leben durch die Tat!" Das ist doch eine Anleitung, ein Verhaltensdispositiv. Man erarbeitet also etwas in der Freimaurerei, innerhalb dieser gedeckten, geschützten Werkstatt, und trägt es dann hinaus. Wie ist dieses Hinaustragen zu verstehen? Ist das dann eine Peergroup oder gar eine Pressure-Group, die etwas, das in der Loge vereinbart wird, in der profanen Welt umsetzt?

SEMLER: Nein, genau das ist es nicht! Es ist der Einzelne, der mit seinen Impulsen, die er aus der Loge, aus der Bearbeitung seiner Person, den Erkenntnissen, die er vielleicht gerade durch den Dialog mit Brüdern bekommen hat, hinausgeht. Aber keinesfalls geht es um ein Missionieren der Gesellschaft. Freimaurer handeln immer auf eigenes Risiko, nach eigenem Gutdünken. Es gibt keine gemeinsame Meinung der Freimaurerei. Es kann immer nur die Meinung des einzelnen Freimaurers geben, und dieser soll seine Überzeugungen in der Öffentlichkeit auch vertreten können und vertreten. Das sind aber seine höchstpersönlichen Überzeugungen und Einschätzungen, die im Idealfall durch die Freimaurerei angereichert werden.
Man erkennt dann vielleicht – um auf die Formulierung „... wie hier durch das Wort, im Leben durch die Tat walten zu lassen" zu kommen –, dass es einfach die Aufforderung ist, nicht immer nur die Faust in der Tasche zu ballen und zu denken, was alles anders werden sollte, weil es dann viel besser wäre, sondern sich selbst auf den Weg zu machen und zu fragen: Was kann mein Anteil daran sein? Was kann ich einbringen, um diesen Weg ein Stück zu gehen?

HAIDINGER: Es gibt also keine Situation in der Freimaurerei, wo in der Arbeit quasi die Order ausgegeben wird: „Um dies und das zu verwirklichen, werden wir den Zustand x ändern. Das heißt, wir werden jetzt hinausgehen und die Partei y übernehmen oder die Initiative z ergreifen. Das ist jetzt euer politischer, gesellschaftspolitischer Auftrag." Diese Situation existiert dann offenbar nie?

SEMLER: Diese Art von Aufträgen oder der Auftragserteilung, wie Sie das jetzt beschrieben haben, ist der Freimaurerei völlig unbekannt. Das ist ihr wesensfremd. Es könnte fast aus der Feder einer unserer Feinde sein, zu sagen, da gebe es so etwas wie eine Befehlsausgabe, die Weltfreimaurerei habe irgendeinen Bauplan der Welt, den sie umsetzen will. Das ist alles in den Bereich der Schimäre zurückzuweisen. Das, was der Einzelne tut, ist, im Rahmen seiner Möglichkeiten ein besserer Mensch zu sein und durch sein Vorbild und durch sein Hineinwirken die Welt ein kleines Stück besser zu machen, zumindest die Welt, die ihn unmittelbar betrifft.

HAIDINGER: Einer der Bestimmpunkte, die auch nach außen dringen, ist, dass die Freimaurerei sich innerhalb der Arbeit nicht mit Politik und nicht mit Religion beschäftigt. Wenn man diese beiden Themenkreise subtrahiert, bleibt nicht mehr sehr viel übrig an gesellschaftspolitischer Betätigung. Wie ist diese Enthaltsamkeit in Sachen Politik und Religion eigentlich gemeint?

SEMLER: Die gibt es seit 300 Jahren, und sie hat sich bewährt. Die Originalformulierung in den *Alten Pflichten* heißt in etwa: Bei Logentreffen soll es keine Streitgespräche über Religion oder über parteipolitische Angelegenheiten geben, weil diese Streitgespräche noch nie zum Besten der Loge und der Gemeinschaft waren. Es sind beides Themen, bei denen einander Menschen, die unterschiedliche Einschätzungen haben und die an Unter-

schiedliches glauben, nicht gegenseitig überzeugen werden. Es ist daher völlig sinnlos, darüber zu diskutieren, denn außer Zank und Hader wird kein Erkenntnisprozess für den jeweils anderen damit verbunden sein.
Und zu Religion und Parteipolitik, auch zum Glauben an eine Ideologie, haben sich in der modernen Zeit auch noch ganz andere Themen gesellt. Eines davon habe ich als Großmeister vor Kurzem für die österreichische Kette (das ist die Gemeinschaft aller Freimaurer in Österreich) formuliert: Ich möchte zum Beispiel keine Diskussionen über das Thema Corona-Schutzimpfung haben, weil das genauso sinnlos ist und die Standpunkte ebenso festgefahren sind wie bei den genannten Themen Parteipolitik und Religion.

HAIDINGER: Ein Spezifikum der österreichischen Freimaurerei ist das sogenannte Baustück. Haben das andere gar nicht? Und was ist darunter zu verstehen?

SEMLER: Das ist in der Tat eine Eigenart der österreichischen Maurerei, die sich insbesondere in den letzten 100 Jahren, nach dem Wiederentstehen der Großloge von Österreich beziehungsweise der Großloge von Wien im Dezember 1918, entwickelt hat.
Was ist darunter zu verstehen? Eingebettet in das Ritual, im Setting der formellen Zusammenkunft in der Loge, gibt es auch einen intellektuellen Impuls, Baustück oder Bauzeichnung genannt. Das steht in der Tradition der alten Dombauhütten, wo Baupläne aufgelegt wurden. Bei uns handelt es sich dabei um einen etwa 15-minütigen, wohlüberlegten Vortrag eines Bruders der Loge zu einem bestimmten Thema, das er selbst gewählt hat. Es sollte keinesfalls seine berufliche Sphäre betreffen. Wir halten nichts davon, dass ein Rechtsanwalt über die Mietrechtsgesetzesnovelle einen volkshochschulartigen Vortrag hält. Wir wollen, dass sich der Rechtsanwalt mit etwas ganz anderem beschäftigt, das seine Persönlichkeit wei-

terentwickeln kann. Wie gesagt, berufliche Themen sind tabu, wenngleich natürlich Menschen, die einen spannenden Beruf haben, immer spannende Dinge zu erzählen haben.

HAIDINGER: Es kommt Ihnen also nicht so sehr darauf an, dass hier jemand quasi aus der Schule seines Berufs plaudert, sondern dass er andere oder jeweils spezifische Sichtweisen, die auch im Beruf wurzeln können, aber vor allem in seinem Charakter liegen, auf das gerade an diesem Tag behandelte Thema liefert?

SEMLER: Genau! Kein Referat, das er genauso gut auch im Job halten würde. Aber wie ich vorhin sagte, glaube ich, dass der Beruf oder die Ausbildung einen Menschen prägt und ihm quasi eine Landkarte mitgibt, mit der er durchs Leben geht. Steht er vor einem Problem und sucht Orientierung, greift er zu der ihm gewohnten Landkarte. Das wird beim Juristen eine andere Landkarte sein als beim Geisteswissenschaftler. Und es wird beim Sozialarbeiter eine andere sein als beim Bildhauer. Diese unterschiedlichen Landkarten, die reflektiert werden, machen es aus.

HAIDINGER: Ein weiterer Aspekt, den man mit der Freimaurerei im weitesten Sinne in Verbindung bringt, ist die Wohltätigkeit. Es gab in Wien im 18. Jahrhundert sogar die berühmte Loge „Zur Wohlthätigkeit“, in der Wolfgang Amadeus Mozart Mitglied war. Wie schaut's denn damit heutzutage aus? Im Wettlauf der karitativen Organisationen kommt die Freimaurerei in der Öffentlichkeit eigentlich nicht vor, die Service-Clubs der Lions, Kiwanis und Rotarier hingegen schon.

SEMLER: Mir hat ein junger Mann, der zu uns kommen wollte, bei einem der Einführungsgespräche, das ich vor seiner Aufnahme mit ihm geführt habe, genau diese Frage gestellt – was denn mit der Charity der Freimau-

rerei sei. Ich habe ihm gesagt, die gibt es, und die ist gar nicht schlecht ausgeprägt. Darauf kam dann die Gegenfrage: Ja, aber wenn der Rettungswagen fährt, steht drauf: „Gespendet von den Rotariern." Daraufhin habe ich ihm geantwortet: Der Unterschied ist, dass es uns genügt, *dass* der Rettungswagen fährt. Es muss nicht draufstehen, dass er von den Freimaurern finanziert wurde. Wir tun also Gutes und hängen es nicht an die große Glocke. Denn wir haben nichts zu verkaufen.
Interessanterweise wird das manchmal missverstanden. Die United Grand Lodge of England hat zur Feier ihres 300-jährigen Bestehens im Jahr 2017 eine große Sammelaktion unter ihren Mitgliedern gemacht und für das Londoner Gesundheitswesen zwei brandneue Helikopter angeschafft, um verunfallte Personen zu retten. Da war dann das Logo der Großloge drauf. Der Shitstorm war beträchtlich! Also hat man die Hubschrauber weiterhin fliegen lassen, aber das Logo entfernt.

HAIDINGER: Weil man gesagt hat, das gehört sich nicht, dass die Freimaurerei in die Luft geht?

SEMLER: Genau so ist es.

HAIDINGER: Noch ein Aspekt: Der Zweck der Arbeit ist – wie Sie eingangs erwähnt haben – die Vervollkommnung oder die angestrebte Vervollkommnung des Einzelnen. Nun ist das Weiterkommen in der Außenwelt – in der profanen Welt – etwas, das für den Einzelnen genauso von Belang ist. Kann der Zweck der Arbeit nicht auch sein, die einzelnen Angehörigen weiterzubringen?

SEMLER: Im Sinne einer Elite der Moral, im Sinne einer Elite des Anstands wünsche ich mir das sehr, und das trifft auch zu. Aber eben nicht im Sinne einer packelnden, „verhaberten" Elite, die sich gegenseitig Aufträge oder Posten zuschanzt. Das ist Freimaurerei nicht. Das wird ihr von außen manchmal nachgesagt, dies wird aber kein Freimaurer bestätigen können.

HAIDINGER: Aber seien Sie ehrlich: Kommt das nicht vor?

SEMLER: Was genau?

HAIDINGER: Protektion unter Freimaurern?

SEMLER: Also, ich glaube, ein guter Ansatz der Brüderlichkeit könnte anhand eines Beispiels folgender sein: Als Vater stehe ich vor der schwierigen Aufgabe, die richtige, das heißt talentefördernde Ausbildung oder Schule für ein Kind zu finden. Es liegt nahe, dass ich den Rat eines Bruders, der mit Bildungsthemen beruflich befasst ist, suche. Und ich kann davon ausgehen, dass er mir im Rahmen der Brüderlichkeit und seiner Kompetenz unvoreingenommen einen ehrlichen, guten Ratschlag erteilen wird.

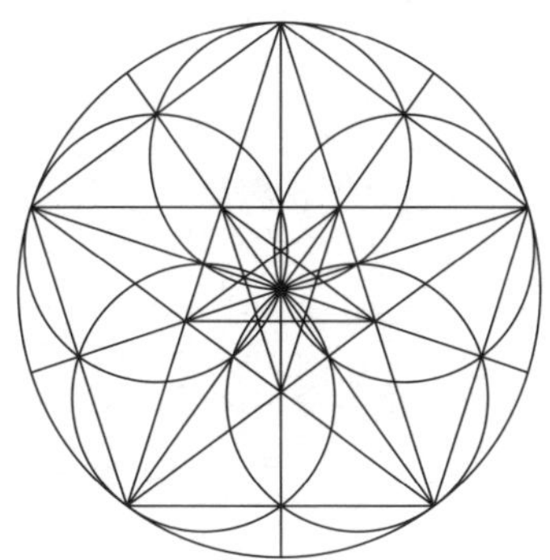

WER IST WÜRDIG? UND WER NICHT?

Nun gut, jetzt haben wir also einen Eindruck davon, was „die" in ihren Logen tun. Aber wer sind „die" überhaupt? In den *Alten Pflichten* von 1723 werden Freimaurer als „freie Männer von gutem Ruf" beschrieben. Bezeugt wird das zunächst vom Bürgen des „Suchenden", wie der Aufnahmewerber genannt wird. Die Bürgen stehen dafür gerade, dass der Suchende würdig und bereit ist, vom Bund rezipiert zu werden, sich zur Allgemeinen Erklärung der Menschenrechte der UNO von 1948 bekennt und nebenbei in der Lage ist, etwa 100 Euro im Monat als Mitgliedsbeitrag aufzubringen. Das ist die Voraussetzung für das darauffolgende mehrteilige Aufnahmeverfahren.

Wer aber ist würdig? Wen die reine Neugier treibt oder schnödes Gewinnstreben, der zählt sicher nicht dazu. Auch ein netter Mensch zu sein, macht einen noch nicht zum Suchenden. „Frei" bezog sich in alter Zeit vor allem darauf, dass der Freimaurer vollrechtsfähig sein musste, also durch kein Untertänigkeitsverhältnis in seiner Lebensgestaltung eingeschränkt sein durfte. Wenn auch die moderne Freimaurerei keine Standesunterschiede kennt, so verhielt sich das in Europa und anderswo vor 300 Jahren noch anders, als es in feudalistischen Gesellschaften Untertänige oder sogar Sklaven gab. Ihnen blieb der Weg in diese Sozietät freier Männer verwehrt.

Denn wer sich nicht unabhängig gesellschaftlich bewegen kann, hat auch kein Privatleben und kann den Pflichten eines aktiven Bruders samt Verschwiegenheitsgebot nicht genügen. Dasselbe galt und gilt für unmündige Personen, deren freier Wille in Zweifel steht. Der „gute Ruf" schließlich bezog sich auf die anerkannt untadelige Lebensführung der Mitglieder und deren positive Verankerung in der Gesellschaft. Man wollte die eigenen Reihen nicht mit anrüchigen Existenzen beflecken. Das ist bis heute so geblieben: Wer mit dem Gesetz im Konflikt ist, kommt nicht rein, wer als Bruder kriminell wird, fliegt raus, denn ein Freimaurer soll mit den Gesetzen seines Landes im Einklang leben.

Das ist bisweilen eine heikle Sache. Viele Freimaurer sind in Ländern ansässig, deren Gesellschaftsordnungen fragwürdig oder repressiv sind; und in echten Diktaturen arbeitet die Freimaurerei meistens unter großem Druck oder ist verboten. Darf oder soll der Freimaurer dagegen nicht revoltieren? In den *Alten Pflichten* steht dazu: „Sollte nun ein Bruder zum Rebellen gegen die Staatsgewalt werden, so darf man ihn in seiner aufrührerischen Haltung nicht bestärken, wie sehr man ihn auch als einen unglücklichen Mann bemitleiden mag." Ausschließen, heißt es weiter, muss man den Revoluzzer deshalb aber nicht. Eine heikle Gratwanderung über Zeit und Raum hinweg, die diese alte Programmschrift hier vorgibt.

Letztlich kommt es wohl immer auf die individuelle Entscheidung der Brüder an, wer „zu uns passt" und wer nicht. Denn eines steht fest: Es gibt keinen Anspruch, Freimaurer werden zu können. Die Aufnahme obliegt der Entscheidung der Gemeinschaft der Brüder einer Loge – mit Einspruchsmöglichkeit jedes einzelnen Bruders innerhalb der Großloge.

HAIDINGER: Georg Semler, es ist ja gar nicht so einfach, Freimaurer zu werden, hört man allenthalben. Da gibt's ein ausgeklügeltes Aufnahmeprozedere, ein Vorprüfungs- und ein Prüfungsverfahren. Können Sie uns enthüllen, wie es für Eintrittswillige aussieht und nach welchen Kriterien es für sogenannte Suchende abläuft?

SEMLER: Die erste Kontaktnahme mit der Freimaurerei läuft für jemanden, der sich für den Bund interessiert oder der sich schlussendlich um Aufnahme bemüht, entweder über die persönliche Beziehung zu einem Freimaurer, der sich outet oder von dem bekannt ist, dass er Freimaurer ist. Das kann prinzipiell jeder über sich sagen – nur ein anderer Bruder darf es nicht verraten.

Oder es geht auch ganz einfach, indem man über die offizielle Website *freimaurerei.at* mit der Großloge in Kontakt tritt beziehungsweise einen Brief verfasst und in etwa schreibt: Ich habe über die Ideale der Freimaurerei einiges gelesen, kann diesem Weltbild sehr viel abgewinnen und würde mich interessieren, unter welchen Umständen eine Aufnahme möglich ist. In diesem wie in allen anderen genannten Fällen wird es zu Gesprächen kommen. Es werden erfahrene Brüder mit demjenigen einen ersten Kontakt herstellen, um in Erfahrung zu bringen, was die wahren Motive sind, ob das Interesse ernst gemeint ist, und vor allem, wie die Persönlichkeit des Suchenden gelagert ist.

Welcher politischen Partei oder welcher Religion er angehört, sind genau jene Fragen, die wir nicht stellen. Da ist uns alles willkommen, es soll jeder an seinen Gott glauben – aber wie schon gesagt, ist die Diskussion unter Brüdern darüber untersagt, zumindest in der Logenarbeit. Das Gleiche gilt für parteipolitische Themen. Was wir allerdings in unseren Reihen nicht schätzen, ist jede Art von Extremismus, alles Totalitäre, ob das links oder rechts ist. Das extremistische Weltbild, sofern man das überhaupt noch als links oder rechts bezeichnen kann, das da heute in der politischen Landschaft oft angeboten wird, hat keinen Platz bei uns, weil ein Grundprinzip der Freimaurerei die Toleranz ist.

HAIDINGER: Einstellungen können sich aber sehr schnell ändern. Ein und derselbe Mensch kann in unseren wandelbaren Zeiten in einem Jahr dieses und im andern jenes sagen. Das heißt, die Analyse der Persönlichkeit dieses Menschen, dieses Suchenden, ist eigentlich ein Zufallsprodukt.

SEMLER: Na ja, das betrifft den Zeitpunkt der Aufnahme, wo man eben durch unterschiedliche Menschen, die mit ihm Gespräche führen, ein Bild gewinnen will, indem man aus verschiedenen Perspektiven auf die Persönlichkeit draufschaut. Darüber wird von dem jeweiligen Gesprächsführer ein Bericht verfasst, und anhand dieser Berichte versucht sich die Loge dann ein Bild zu machen.
Ja, selbstverständlich können sich Menschen ändern. Die Frage wird auch öfter gestellt: Was tut man mit jemandem, der aufgenommen wurde, weil er zum Zeitpunkt der Aufnahme überaus geeignet war – und 20 Jahre später ist man damit konfrontiert, dass er sich von der Persönlichkeit, die er einst war, ganz weit weg entwickelt hat? Da stellt man fest, dass die Logen so etwas wie eine Schwarmintelligenz haben und intuitiv erkennen, wenn jemand ausbricht, ausschert, radikal wird, sich wie auch immer in seiner Persönlichkeit negativ verändert. In einem solchen Fall werden die Brüder versuchen, auf den Betreffenden einzuwirken. Entweder fühlt sich er dann nicht mehr wohl im Kreise der Brüder und wird von sich aus das Weite suchen – oder es ist ein Punkt erreicht, wo die Brüder sagen: Wir tun uns schwer mit ihm. Dann muss die Initiative von der Loge ausgehen.

HAIDINGER: Aber es gibt keinen Katalog und keine schwarze Liste, die in den Großlogen auf der ganzen Welt ausliegen, wo drinsteht: Aus dieser Partei oder aus dieser Sekte darf derjenige nicht kommen?

SEMLER: Nein, das gibt es nicht. Doch wie gesagt: Alles Totalitäre, ob extrem links oder extrem rechts, alles, was in Richtung Nationalismen geht, wird nicht gerne gesehen in der Freimaurerei. Wir verstehen uns als Weltenkette, die glaubt, Nationalismen überwinden zu können, indem man auf andere Menschen zugeht. Und das leben wir auch in den internationalen Beziehungen.

Für Freimaurerei interessiert sich überdies nur jemand, der dieses Maß an Haltung bereits in sich hat. Ich betone den Begriff „Haltung", der das gut ausdrückt; so suchen schon die richtigen Menschen den Kontakt mit der Loge. Und wer aus falschen Motiven den Kontakt mit der Loge sucht, kommt ohnehin relativ rasch zu einem Punkt, an dem es nicht mehr weitergeht.

HAIDINGER: Trotzdem, in den *Alten Pflichten* ist von einem „freien Mann von gutem Ruf" die Rede. Nun hat man damit im Jahr 1723 jemand anderen gemeint als heute. „Guter Ruf" ist doch eine sehr subjektive Bewertung. Bedeutet es den guten Ruf im Kreise der schon arbeitenden Brüder oder bedeutet es den guten Ruf im gesamtgesellschaftlichen Kontext des jeweiligen Landes, der jeweiligen Umgebung, in der die Loge sich befindet?

SEMLER: Ich glaube, dass das eine vom anderen nicht zu trennen ist, sondern sehr stark korrespondiert, weil die Loge selbst ja ein Abbild der Gesellschaft ist. Also wäre es verblüffend, dass in diesem Abbild ein anderes Urteil besteht als in dem Forum, das es abzubilden gilt. Daher gilt es in beide Richtungen.

Der „freie Mann" meinte damals natürlich, dass es Menschen sein mussten, die nicht durch Sklaverei oder was auch immer unterworfen waren, dass sie also frei in ihrer Willensbildung waren. Das könnte man heute vielleicht übersetzen mit einem freien Mann, der geschäftsfähig sein muss und nicht entmündigt sein darf, weil er dann keine Willenserklärung abgeben kann, dass er Freimaurer werden möchte. So würde ich den freien Mann sehen.

Die *Alten Pflichten* beinhalten vor allem einige historische Verhaltensanleitungen, Dos and Don'ts, die eine Richtschnur für das eigene Leben sein können. Der Freimaurer handelt aber immer auf eigene Veranlassung. Die Freimaurerei gibt Impulse, doch der Einzelne muss bereit und willens sein, etwas daraus zu machen.

HAIDINGER: Ein freier Mann könnte auch körperliche Handicaps haben. Kann er Freimaurer werden?

SEMLER: Ja, natürlich. Wir haben keine mittelalterlichen Verfassungen, laut denen ein Fürst in Rüstung sein Pferd besteigen können musste, weil er sonst nicht Fürst sein konnte, sofern ihm das körperlich nicht möglich war. Wir leben in einer modernen Zeit, natürlich sind Handicaps kein Thema. Geistige Einschränkungen ab einem gewissen Grad hingegen schon, wenn sie dazu führen, dass man einer Kommunikation nicht folgen kann.

HAIDINGER: Sie haben vorhin von der Schwarmintelligenz gesprochen. Wird nicht bei so einem Auswahlverfahren auch rein subjektiv entschieden, ob derjenige „zu uns passt" oder nicht? Das muss ja nicht mit dem guten Ruf zusammenhängen. Es gibt auch Menschen mit Charaktereigenschaften, die halt gerade nicht zu dieser Gruppe passen, vielleicht aber zu einer anderen Loge passen würden; oder zu einer anderen Zeit, an einem anderen Ort zur Freimaurerei passen würden beziehungsweise gepasst hätten?

SEMLER: Das ist ein Aspekt, den wir in der Tat beobachten. Dazu ist die Großloge auch da, die als Dach über die 82 Logen in Österreich fungiert und den Überblick hat. Natürlich kann es sein, dass ein Einzelner in eine Loge, die ein bisschen mehr in eine Richtung ausgeprägt ist, nicht so gut passt. Es gibt Logen, die eher esoterischer angelegt sind und sich mehr

mit transzendentalen Aspekten beschäftigen, während andere eher realistischer ausgerichtet sind und sich mehr mit handfesten Themen befassen. Da muss sich der Mensch dazu eignen.
Das Bestreben der Großloge ist, und dazu leitet sie an, dass die Logen von den Berufen her stark durchmischt sind, um genau diese Kopflastigkeit zu verhindern. Aber wie gesagt, das kann in der einen Loge passen und in der anderen nicht. Nur weil jemand in einer Loge abgelehnt wird, heißt das nicht, dass er in einer anderen nicht Fuß fassen kann. Wenn umsichtige Brüder das Verfahren begleiten, wovon auszugehen ist, erkennt man das im Zuge des Verfahrens und lässt den Suchenden, wenn er wertvoll ist, nicht scheitern, sondern leitet ihn rechtzeitig in eine andere Loge.

HAIDINGER: Das heißt, wenn befunden wird, zu uns passt er nicht, aber vielleicht woandershin, dann ist die Chance, aufgenommen zu werden, weiterhin aufrecht? Eine weitere Frage: Die Großloge oder überhaupt alle Brüder in der Kette haben die Möglichkeit, Einspruch zu erheben, obwohl eine Loge beschließt: Den wollen wir haben. Wie geht das, wie wird das dann kundgetan, sofern Sie das überhaupt verraten dürfen? Und wie häufig passiert das?

SEMLER: Möchte eine Loge einen Suchenden aufnehmen, gibt es in der Tat ein Aufgebotsverfahren, wenn man so will. Es wird über ein Schwarzes Brett, das ein virtuelles Schwarzes Brett ist, bekannt gemacht, dass die Loge x den Herrn y gern in ihre Reihen aufnehmen will. Damit einher geht die Aufforderung an alle österreichischen Freimaurer: Wem Umstände bekannt sind, die diese Aufnahme als nicht wünschenswert erscheinen lassen, der möge dies über seinen Logenvorsitzenden dem Großmeister mitteilen.
Schlussendlich sind das keine Einsprüche im Sinne eines Rechtsmittels, das zu beantworten und worüber zu entscheiden ist, sondern der Groß-

meister verwendet diese sogenannten Einsprüche als Informationsbeschaffung, als Wissenserweiterung, weil da unter Umständen Aspekte über den Suchenden herauskommen, den die aufnehmende Loge vielleicht nicht kannte. Der Großmeister ist in der Folge angehalten, sich selbst darüber ein Bild zu machen und eine Entscheidung zu treffen, möglicherweise auch nach Rücksprache mit den beiden Logenvorsitzenden der einsprechenden Loge und der aufnahmewilligen Loge. Letzten Endes entscheidet der Großmeister und erteilt ein sogenanntes Visum, das heißt, der Suchende ist aus der Sicht der anderen Brüder zur Entscheidung der eigenen Loge freigegeben, die dann in Form einer „Ballotage" – einer geheimen Abstimmung – erfolgt. Da werden weiße und schwarze Kugeln anonym in einen Ballotagekasten, eine Art mobile Wahlurne, geworfen. Bei drei schwarzen Kugeln ist der Kandidat abgelehnt. Diese Verfahren werden mit einer gewissen Diskretion geführt, weil man sich dessen bewusst sein muss, dass die Personen, über die da entschieden wird, ja noch nicht Freimaurer sind und auch nicht im Gelöbnis stehen; also ist Fingerspitzengefühl gefragt.

HAIDINGER: Mir ist aufgefallen, dass Sie vorhin Beispiele gebracht haben: der Architekt, der Historiker, der Mediziner, der Jurist. Das sind alles Berufe aus der akademischen Welt. Sind die Freimaurer ein elitärer, ein akademischer Verein? Wenn man auf andere Länder blickt, zum Beispiel nach Großbritannien: Dort gibt's drei Millionen Mitglieder, das sind ja wahrscheinlich nicht alles Akademiker?

SEMLER: Also Akademikertum ist überhaupt kein Gradmesser. Wenn wir von Eliten sprechen, sind das Eliten in der Haltung, im Anstand. Es sollten Eliten in ihrer Moral sein, in ihrem Engagement für gesellschaftliche Themen, in ihrem Brennen für die Idee der Freimaurerei, aber keine Eliten, was Einkommen oder Ausbildung betrifft. Auf der anderen Seite ist die Maurerei vor mehr als 300 Jahren aus der sogenannten Werkmaurerei der Dombauhütten in die spekulative Maurerei mutiert, das ist die geistige Auseinandersetzung mit Themen. Das setzt voraus, dass Menschen Freude an Diskussionen haben und sich einbringen können und wollen. Da mögen sich natürlich bestimmte Personengruppen, die beruflich mehr mit Kommunikation, Sprache und intellektueller Problemlösung zu tun haben, eher damit anfreunden als jemand, der rein handwerklich tätig ist. Ausgeschlossen ist das deswegen jedoch nicht. Wir haben viele Nichtakademiker in unserer Mitte.

HAIDINGER: Aber seien Sie ehrlich, der Schwerpunkt in der österreichischen Freimaurerei wird doch wahrscheinlich nicht auf Arbeitern und kleinen Angestellten, auf Bauern und sonstigen Blue-Collar-Workers liegen, oder?

SEMLER: Es sind eher White-Collar-Worker zugegebenermaßen, aber das liegt vielleicht auch daran, dass die Blue-Collar-Worker nach einem langen Arbeitstag nicht unbedingt Lust und Energie haben, sich in eine Loge zu setzen, um sich eine Stunde lang mit geistigen Themen zu beschäftigen, sondern vielleicht eine andere Art von Ablenkung suchen.

HAIDINGER: Also gibt schon so eine Art soziale Segregation?

SEMLER: Ja, die ist aber nicht vorgegeben, sondern ergibt sich aus der Art der Beschäftigung. Wen sprechen unsere Themen an? Wenn jemand kein Interesse dafür hat, wird er sich ja nicht um Aufnahme bemühen.

HAIDINGER: Ihre Arbeiten finden werktags am Abend statt. Es gibt ja nicht nur Menschen, die vom harten Arbeitstag erledigt sind, sondern auch Berufe, die abends zu tun haben: Mediziner oder Pfleger im Nachtdienst, Eisenbahner, Exekutivbeamte, Schauspieler und so weiter. Ist das auch ein Ausschlussgrund?

SEMLER: Nein, keinesfalls, denn wenn es berufliche Zwänge gibt, die jemanden daran hindern, an der Arbeit teilzunehmen, wird das jederzeit verstanden und entschuldigt. Der Schauspieler wird ja nicht just jedes Mal an dem speziellen Wochentag, an dem sich seine Loge trifft, ein Engagement haben – vielleicht für eine Spielzeit, aber in der nächsten Spielzeit wird's dann ein anderer Wochentag sein, und er kann wieder kommen.
Die meisten meiner Brüder versuchen ihren Berufsalltag so zu planen, dass ihnen eine Teilnahme an den wöchentlichen Treffen möglich ist. Da liegt wohl auch eine Priorisierung darin.

HAIDINGER: Um beim Beispiel Österreich zu bleiben, aber nicht nur: Ist Freimaurerei eigentlich ein urbanes, ein städtisches Phänomen oder gibt es welche, die am Land arbeiten – und wenn ja, wie sieht dort das Einzugsgebiet aus? Wie geht das technisch?

SEMLER: Es ist interessant, dass Sie das geografisch festmachen, denn in der Tat gibt es Logen, die an Orten arbeiten, die nicht unbedingt als Metropolen bekannt sind – wenn ich etwa an Gmunden denke. Aber natürlich sind die meisten Logen in den Landeshauptstädten angesiedelt. Umgekehrt zieht es Städter manchmal zur Arbeit in eine „exotische" Loge am Land ... Es stimmt allerdings schon, wahrscheinlich ist es ein bisschen ein Großstadtphänomen. Wirklich flächendeckend haben wir hierzulande keine Logen.
Das ist anders als in England, wo die Freimaurerei viel weiter in die Gesellschaft hineingeht. Da gibt es verschiedenartige Typen von Logen, wo eben Polizisten, Feuerwehrleute, Bauarbeiter vertreten sind. Dann gibt's

auf der anderen Seite aber auch Universitätslogen, wo nur Professoren von Eliteuniversitäten Mitglied werden können. Es hat ein bisschen etwas von einer Zweiklassengesellschaft.

HAIDINGER: Warum ist das in Österreich nicht möglich? Die Feuerwehr- oder die Polizeiloge oder – ich weiß nicht – die Bauarbeiterloge?

SEMLER: Dagegen spricht nichts. Wir haben ja Feuerwehrleute und Polizisten in unseren Reihen, darunter auch den einen oder anderen Stadthauptmann oder Kommandanten.

HAIDINGER: Aber die sind nicht Kommandanten und Befehlshaber geworden, weil sie Freimaurer waren, sondern sie wurden erst Freimaurer, nachdem sie das beruflich erreicht hatten?

SEMLER: Genau, doch es gibt ganz berufsunabhängig einige, die jung zur Freimaurerei kommen. Damit haben wir die größten Erfolge, weil in dem Alter die Verinnerlichung der Prinzipien der Wesensart, wie ein Freimaurer sich zu benehmen hat, am besten funktioniert. Parallel zu dieser freimaurerischen Ausbildung macht der Betreffende eine berufliche Karriere. Das darf aber keinesfalls den Fehlschluss zulassen, dass das mit Protektion zu tun hat.

HAIDINGER: Wie jung darf man denn sein?

SEMLER: An und für sich 24 Jahre, außer man ist ein sogenannter Lufton. Das bedeutet, dass der eigene Vater schon Freimaurer war – dann kann man mit 21 Jahren beitreten.

HAIDINGER: Gibt's Freimaurer-Dynastien?

SEMLER: Ja, in Familien wird ja so manches vererbt – aber bekanntlich nicht immer. Es gibt konservative Familien, die vererben ihren Kindern den Konservativismus, und es gibt konservative Familien, die haben Kinder, die sich gegen alles auflehnen und die großen Revolutionäre sind. So ist es auch in der Maurerei. Ich habe in meiner eigenen Loge das berührende Erlebnis gehabt, dass nach dem Großvater und dessen Sohn dann noch der Enkelsohn aufgenommen wurde – etwas beschleunigt im Verfahren, um es dem Großvater, der schon am Ende seines Lebens war, zu ermöglichen, das noch zu erleben.

HAIDINGER: Kann man aus der Freimaurerei wieder austreten? Es gibt diverse Gerüchte, dass das eigentlich gar nicht ginge. Ist das so wie mit der christlichen Taufe? Man kann sich nicht „enttaufen" lassen, man kann nur aus dem Verein der Kirchensteuerzahler austreten? Kann man die Initiation in die Freimaurerei rückgängig machen? Und wenn ja, droht einem dann das Verdikt der Verachtung oder gar Verfolgung?

SEMLER: Nein, es gibt keine Drohszenarien. Das Gelöbnis, das der „Neophyt", wie wir ihn nennen, bei seiner Aufnahme ablegt, ist kein konfessioneller und kein gerichtlicher Akt, sondern es ist der Akt eines freien Mannes, der sich gemäß seinem Gewissen zu etwas verpflichtet, und das Gewissen liegt halt im Inneren des Menschen und ist nicht von außen exekutierbar.

Das Gewissen spielt bei uns überhaupt eine große Rolle. Es ist dieser unparteiische Richter in deiner Brust, den du nicht loswirst. Bei jeder deiner Entscheidungen gibt es so etwas wie ein gutes oder schlechtes Gewissen, das mitschwingt, und an dieses Gewissen wollen wir uns richten.

Das Beispiel mit der Kirche gefällt mir da ganz gut, wenngleich wir alles andere als eine Religion sind. Man kann aus der Taufe nicht austreten, aber sehr wohl aus der Kirche. So kann ich in der Freimaurerei aus dem Verein

meiner Loge austreten; ob ich deswegen alles ungeschehen machen kann, was die Freimaurerei an meiner Persönlichkeit schon bewirkt hat, muss jeder für sich selbst beantworten.
Die Drop-out-Quote in der Großloge von Österreich liegt bei unter ein Prozent, das heißt, dass es sehr wahrscheinlich ist, dass jemand, der zu uns findet, auch bei uns bleibt.

HAIDINGER: Aber es ist trotzdem keine Psychosekte ...?

SEMLER: Nein, ganz und gar nicht. Es wird niemand verfolgt, unter Druck gesetzt oder dergleichen. Er muss sich nur klar erklären, wenn er nicht mehr will. So wie er anfangs klar sagen musste, dass er Freimaurer werden wollte.

HAIDINGER: Wenn ich Sie jetzt frage, warum Frauen keine Freimaurer werden können, dann bitte nicht wieder die Antwort, dass das eben der Tradition entspreche. Da muss es ja noch andere Gründe geben ...

SEMLER: Es gibt Freimaurerei für Frauen auf der ganzen Welt. Es haben sich rein weibliche Freimaurergruppen etabliert, es gibt gemischte Freimaurerei und ebenso Frauengruppierungen, die bewusst keine Männer aufnehmen.
Denn eines muss man schon beachten: Freimaurerei ist die Arbeit an sich selbst. Das hat sehr viel mit Öffnung zu tun, dem Offenlegen seiner Persönlichkeit, und die Erfahrung hat gelehrt, dass das schon unter Männern manchen schwer genug fällt. Da sollte jetzt nicht noch eine gesellschaftliche oder auch Geschlechterkonnotation an Spannung dazukommen, um das noch komplexer zu machen. Es hat etwas mit Fallenlassen in der Loge zu tun, und da kann das unter Umständen erschwerend sein. Jeder Verein hat das gute Recht, sich Grundsätze zu geben, die er einzuhalten hat.

Wenn ein Verein beschließt, Handball zu spielen und dass Männer seine Mitglieder sind, gibt es keinen Anspruch von Fußballern oder von Frauen darauf, dass sie in diesen Verein aufgenommen werden dürfen oder sollen. Das ist, glaube ich, im Rahmen der Privatautonomie der Vereine ganz selbstverständlich.
Einen besonderen Stellenwert haben für uns aber unsere Partnerinnen, die wir ganz im Gedanken der Brüderlichkeit Schwestern nennen. Diese sind stark in den gesellschaftlichen Teil des Logenlebens eingebunden, und es ist selbstverständlich, dass sich die Loge insbesondere auch nach dem Tod des Bruders weiter um sie kümmert.

HAIDINGER: In den letzten Jahrzehnten hat sich eine Bewegung etabliert, nicht zuletzt durch Sozialforscherinnen wie Judith Butler ausgelöst, die die Auffassung vertritt, geschlechtliche Identität sei selbst gewählt. Man spürt, dass hier zumindest etwas in Erosion begriffen ist. Wir haben auch in Europa in den letzten – sag ich mal – zehn, 15 Jahren diese Tendenz dazu vor allem in elitären – hier wirklich elitären – Intellektuellenzirkeln. Ein Männerbund müsste doch solche Entwicklungen im Auge behalten. Haben Sie eine Taskforce, die sich mit dieser Erosion des Männlichen oder überhaupt Geschlechtlichen beschäftigt? Und wenn ja, glauben Sie, dass das nur eine vorübergehende Modeerscheinung ist, oder könnte es sein, dass dieser klassischste aller Männerbünde, die Freimaurerei, auf diese Entwicklung reagiert?

SEMLER: Also der klassischste aller Männerbünde ist wohl die katholische Kirche und nicht die Freimaurerei. Wir haben keine Taskforce, die sich mit der Entwicklung der Sexualität in der modernen Gesellschaft beschäftigt. Wie überhaupt die Themen in der Freimaurerei „undersexed“ sind, das kann ich einfach so sagen. Das sind nicht die Themen, mit denen wir unsere Abende bestreiten wollen.

Dass die Gesellschaft sich ändert, immer liberaler wird und es jede Art von Leben und Erscheinungsform und Ausprägung des Lebens unter Ausleben der eigenen Sexualität geben kann, diese Tendenz wird sicher nicht zurückgehen. Sie wird eher noch stärker werden. Wir werden damit leben müssen und weiterleben und haben bis jetzt eigentlich keine Probleme.
In England gab's das bemerkenswerte Beispiel eines Freimaurers, der im fortgeschrittenen Alter beschlossen hat, zunehmend zur Frau zu mutieren. Am Anfang ist das von den Brüdern ignoriert worden, als er nur mehr in Frauenkleidern und mit Perücke in der Loge erschienen ist, musste man jedoch reagieren und hat aber sehr tolerant gesagt: Er hat sich als Mann verpflichtet, also kann er weiterhin teilnehmen, auch wenn er jetzt glaubt, eine Frau zu sein.

DIE LOGE ALS RAUM

Wir haben erfahren, dass die Freimaurer in Logen organisiert sind. Zugleich bezeichnet dieses Wort, das seinen Ursprung im althochdeutschen „louba“, also „Laubhütte“, hat und auf dem Umweg des Altfränkischen und des Französischen („loge“) sowie des Englischen („lodge“) wieder ins Deutsche zurückkam, den Ort, an dem sich Freimaurer zur rituellen Arbeit treffen. Andere korrespondierende Begriffe für diese Stätte sind „Tempel“ oder „Bauhütte“, was wiederum auf alte Geschichten im biblischen Kontext beziehungsweise auf die Dombauhütten des Mittelalters und der frühen Neuzeit verweist.

In manchen Regionen der Welt, wie im Mutterland der modernen Freimaurerei, in England, residieren Logen in regelrechten Palästen. In Österreich gibt es in den meisten Landeshauptstädten Logenhäuser, das bekannteste davon ist in der Wiener Rauhensteingasse, deren Name sich übrigens nicht auf die Freimaurerei bezieht. Andere wiederum tagen wie in den Gründungszeiten vor 300 Jahren in Hinterzimmern von Gasthäusern, und in den USA kann es am flachen Land schon einmal vorkommen, dass rituelle Arbeiten im Extraraum einer Autobahnraststätte oder eines

Fast-Food-Restaurants abgehalten werden. Was Logenräumlichkeiten alle gemeinsam haben, ist ihre Abgeschiedenheit. Sie sind das Paradebeispiel einer geschlossenen Gesellschaft. Nur so kann jene Sicherheit gewährleistet werden, die die Freimaurerei als Voraussetzung für ihre Aktivitäten braucht.

Ebenso abgesondert von der Öffentlichkeit, aber von der Bauhütte getrennt, ist der zweite Ort der Arbeit, die „Weiße Tafel". In diesem Speisezimmer wird nach der Tempelarbeit gemeinsam zu Abend gegessen, und die Brüder besprechen das eben gehörte Baustück und andere Angelegenheiten der Loge. Die Loge als Raum ist von zentraler Bedeutung für die Freimaurerei und unterliegt dementsprechend gewissen Regulativen.

HAIDINGER: Georg Semler, ein Laie stellt sich unter einer Loge so etwas wie eine Theaterloge vor – ein bisschen verborgen, nach vorn hinaus zwar offen, aber man sieht nicht von allen Seiten hinein, dafür umso besser hinaus. Damit hat es bei den Freimaurern wohl nichts zu tun, oder?

SEMLER: Die Loge als Raum ist, und das ist der signifikanteste Unterschied zu anderen entsprechend gewidmeten Räumen, kein geheiligter Raum, wie ihn Religionen haben, also eine eingeweihte Stätte der Religionsausübung, sondern der Raum entsteht durch die Anwesenheit von sieben Meistermaurern und das Auflegen von Ritualgegenständen. Dieser Raum kann daher überall entstehen, wo diese beiden Voraussetzungen gegeben sind.

HAIDINGER: Gut, das ist eine Parallele zur Religionsausübung. Eine katholische Messe kann ebenfalls überall zelebriert werden, wo ein Priester mit dem Allerheiligsten anwesend ist. In der Freimaurerei braucht es für diesen Ort der Loge also kein „Allerheiligstes", sondern nur diese sieben Menschen?

SEMLER: Ja, die sieben Meistermaurer, die anwesend sind, plus das Auflegen von Ritualgegenständen, von uns als die „Großen Lichter" bezeichnet: die Bibel, der Zirkel, das Winkelmaß. Die Bibel symbolisiert das *Licht* über uns, es ist also das Gewissen oder das Göttliche, das den Menschen beeinflusst. Der Zirkel ist das Maß *um* uns, er stellt die Verbindung der Brüder zueinander her, zirkelt die Brüder ab und drückt damit auch die Brüderlichkeit aus. Und das Winkelmaß ist das Licht *in* uns, jene Richtschnur für gerechtes und richtiges Handeln, das Maurer mit ihrer Moral und ihrer Ethik für richtig halten.

HAIDINGER: Das sind drei. Sie sagen, es sind Lichter, da spielt also die Lichtsymbolik eine Rolle. Was hat's mit dem Licht auf sich?

SEMLER: Das Licht steht in der freimaurischen Terminologie synonym für die Wahrheit. Der Meister vom Stuhl, also der Vorsitzende, sitzt in der Loge im Osten, denn im Osten geht das Licht auf, und der Meister vom Stuhl als Wissender bringt dieses Licht in die Loge. Es ist die Symbolik, der sich alle unterordnen. Sie steht für Wahrheit.

HAIDINGER: Ist die Loge tatsächlich de facto geostet? Früher hat man Kirchenbauten geostet, ist das auch bei den Logen so?

SEMLER: Sakralbauten wurden in der Tat nach den Himmelsrichtungen ausgerichtet. Das ermöglicht, dass bei Messen in der Früh und lichtdurchlässigen Kirchenfenstern der Altar von hinten erleuchtet oder beleuchtet ist und damit jedem Gläubigen dies als Ort erscheint, der eben im Licht und damit quasi im Scheinwerferlicht der Aufmerksamkeit steht.
In der Freimaurerei ist das alles symbolisch. Wir sagen, dass unser Tempel, wenn er durch Anwesenheit der Brüder und durch Auflegen der großen Lichter aufgebaut ist, vom Nadir zum Zenit reicht, von West nach Ost, von

Süd nach Nord. Der Schnittpunkt all dieser Linien liegt im Mittelpunkt des Tempels, dort liegt der „Tapis“, das ist das verinnerlichte Geheimnis der Maurerei, es ist der Schnittpunkt aller fiktiven Linien.

HAIDINGER: Der Tapis ist in aller Regel ein Teppich?

SEMLER: Ja, jede Loge hat den Tapis etwas anders ausgestaltet, aber immer enthält er alle Symbolgegenstände, die für den jeweiligen Grad als Darstellung von Bedeutung sind.

HAIDINGER: Eine ganze Menge von Symbolen, die sich einer Aufzählung wahrscheinlich entziehen. Dürfen Sie über Symbole sprechen?

SEMLER: Ich kann einige davon herausgreifen. Ein Symbol für den ersten Grad ist zum Beispiel der 24-zöllige Maßstab. Das ist relativ gut verständlich, denn er steht für die 24 Stunden des Tages. Sie mahnen den Maurer daran, dass er mit seinen Zeitressourcen sinnvoll und vorsichtig umgehen und sich die richtige Mischung der Zeiteinteilung für einen Tag zurechtlegen soll, was im Ergebnis dazu führt, dass er ein erfolgreiches und vor allem auch glückliches und erfülltes Leben führen kann.

HAIDINGER: Können Sie über andere Symbole auch noch sprechen?

SEMLER: Der Tapis ist umrandet von drei Kerzenhaltern oder Kerzenständern oder Säulen, wie wir sie bezeichnen. Es sind dies die Säule der Weisheit, die Säule der Stärke und die Säule der Schönheit. Dem Bild folgend, dass jedes gelungene Werk mit Klugheit geplant und konsequent mit Stärke ausgeführt sein muss und mit Schönheit, also emotionaler Aufladung, noch aufgewertet wird. Wenn ich von einem Werk spreche, kann dies jedes menschliche Unterfangen sein, im übertragenen Sinn vor allem das ganze Leben eines Freimaurers, das nach diesen Kriterien als Anleitung laufen könnte – für jede einzelne Handlung, jedes einzelne Projekt, sein Familienleben. Das lässt sich auf nahezu alle Lebensbereiche übertragen.

HAIDINGER: Das klingt nach ganz konkreten Verhaltensanleitungen, die aber jeder für sich interpretieren kann. Das heißt, es gibt keinen Auftrag durch diese Symbole: Tu dies, tu das. Dein Projekt sei dies, dein Projekt sei jenes; sondern das kommt aus jedem Einzelnen, der sich in dieser Loge befindet?

SEMLER: Völlig richtig. Die Symbole sind Projektionsflächen, aus denen jeder das herauslesen und herausschöpfen kann, was für ihn gerade aktuell oder generell für sein Leben und sein Tun von Bedeutung ist. Die Interpretation der Symbole ist vielfältig. Mit Blick auf ein und dasselbe Symbol werden drei Maurer in dem Symbol in der Tat drei ganz unterschiedliche Dinge für wesentlich halten, die ihnen dieses Symbol vermitteln will.

HAIDINGER: Das lässt großen Interpretationsspielraum offen, führt zugleich aber auch zur Irritation, wenn sich jetzt Menschen von außen fragen: Na ja, was oder wozu leiten die Freimaurer da an? Da kommt ein Totenkopf vor, da kommt irgendetwas vor, das ein bisschen numinos ist, also etwas, was man nicht so richtig deuten kann ... Verstehen Sie diese Verunsicherung, die von außen empfunden wird?

SEMLER: Ich kann die Verunsicherung sehr gut nachvollziehen. Die Welt der Symbole, in der wir Freimaurer uns bewegen und aus der wir für unser eigenes Denken unsere Anregungen schöpfen, wirkt auf Außenstehende, vor allem, wenn sie geballt als Symbole auftreten, teilweise verstörend. Wir erleben das öfter bei der Aufnahme eines neuen Bruders, der das erste

Mal mit einer Dichte an Symbolen konfrontiert ist, die ihn mehr verwirren als leiten.
„Leiten“ ist im wahrsten Sinne des Wortes zu sehen. Es kann eine Leitlinie sein, aber wie gesagt ist die Interpretation der Symbole individuell, und es gibt daher keinen Befehl, nach dem zu handeln ist, sondern es ist eine Anregung, die gegeben wird, um das eigene Denken zu strukturieren.

HAIDINGER: Sie haben vorhin von der Bibel gesprochen. Das legt nahe, dass es doch eine religiöse Komponente gibt, die Sie aber ja ausschließen ...

SEMLER: Die Bibel ist für uns ebenfalls Symbol: ein Symbol für die geheiligte Überlieferung menschlichen Wissens. Es ist kein religiöses Symbol. Es geht nicht um die Wortfolgen der Bibel und um die Lehren der Kirche, die dort festgehalten sind, sondern es ist symbolisch das aufgeschriebene menschliche Wissen, das tradiert wird. Würde man die Bibel durch ein anderes Buch ersetzen, würde man die Bibel erst religiös aufladen, daher ist die Bibel als Symbol für jeden Freimaurer – ungeachtet, welchem Religionsbekenntnis er angehört oder woran er glaubt – als Symbol zu akzeptieren.

HAIDINGER: Die Bibel liegt also auf allen fünf Kontinenten auf dem Altar? Auch im muslimischen, auch im indischen Kulturkreis, oder gibt's dort stattdessen etwas anderes?

SEMLER: Wenn es dem Kulturkreis immanent ist, dass andere geheiligte Bücher noch stärker das Symbol des Wissens vermitteln, ist es auch zulässig, diese anderen Bücher aufzulegen. Was nicht geht, ist ein weißes Buch hinzulegen, mit der Begründung, das sei im Sinne des Weltethos. Denn wir sind der Meinung, dass das weiße Buch nur mehr Interpretation ist, da kann man nicht mehr erkennen, dass Wissen vermittelt wird.

HAIDINGER: Spannend! Der Begriff „heilig“ ist für die meisten Menschen mit einer Religion verbunden, aber man kann ihn auch kulturell konnotieren. Was ist den Freimaurern heilig?

SEMLER: Wir verwenden den Begriff „heilig“ im Sinne von geheiligt, also als etwas Wertvolles für uns und nicht als etwas Religiöses ... Ja, wertvoll beschreibt es am besten.

HAIDINGER: Das kommt aus der Tradition der alten Bauhütten der Dombaumeister, als der Job, einen Dom zu bauen, eine religiöse Komponente hatte – das ist ja ganz klar im Hoch- und Spätmittelalter –, aber mittlerweile beschreibt er keine religiöse Praxis mehr, sondern ...

SEMLER: Ich glaube, dass die Dombaumeister, die prächtigste Kathedralen errichtet haben, nicht nach ihrem Religionsbekenntnis gefragt wurden. Auf diesen Baustellen konnten durchaus tüchtige Handwerksleute tätig sein, die nicht römisch-katholisch waren, und sie waren trotzdem von ihren Brüdern geachtet. Eine Tradition, die wir heute auch noch leben. Denn die Frage an einen Suchenden, der zu uns kommen will: „Welcher Religion oder welcher politischen Partei gehört er an?“, wird von uns quittiert mit: „Danach fragen wir nicht!“ Für uns ist das ohne Belang.

HAIDINGER: In der Hochzeit der großen Kathedralenbauten, also vor der Reformation, gab es eigentlich nur das eine Bekenntnis, da war das eine Selbstverständlichkeit. Wir sprechen aber jetzt vom Handwerk, und das bringt mich zur nächsten Frage: Eine Loge wird ja auch als Bauhütte bezeichnet, ist das genau synonym?

SEMLER: Das ist synonym. Es ist der historisch hergeleitete Begriff, der aus der Werkmaurerei, also der Art von Maurerei der mittelalterlichen

Dombauhütten, kommt. Viele Begriffe aus dieser Welt wurden von uns in die spekulative Maurerei – wie wir sie heute betreiben – übertragen. Wir machen ja keine Handwerksarbeiten mehr bei unseren Logentreffen, sondern es ist nur mehr eine geistige Auseinandersetzung. Es ist also eine spekulative Maurerei geworden.

HAIDINGER: Aber es hängt trotzdem mit dem Handwerk zusammen. Die Freimaurerei wird gerne als „Königliche Kunst“ bezeichnet, ist jedoch eigentlich eine handwerkliche Tätigkeit, wenn es auch ein geistiges Handwerk ist. Es impliziert einen Praxisbezug. Das bedeutet, es muss etwas dabei herausschauen. Oder ist das eine Fehlinterpretation von mir?

SEMLER: Nein, die Interpretation ist absolut zutreffend. Wir bedienen uns der Begriffe aus dem Handwerk als Rahmen. Das sind unsere Erkenntnisgrade: Lehrling, Geselle, Meister. Das kennt jeder aus der Handwerksausbildung. Wir bezeichnen die Logen auch als Bauhütten. Wir bezeichnen unsere intellektuelle Arbeit als Baustück, das wir auflegen. Es sind viele Begriffe aus der Werkmaurerei, aus dem Handwerklichen herübergerettet worden. Übrig geblieben ist, dass es natürlich einen Output geben sollte, wie bei jeder anderen handwerklichen Tätigkeit. Die „Königliche Kunst“, das ist schon angesprochen worden, ist ein Kunsthandwerk, das intellektuelle Werke schafft.

HAIDINGER: Kunsthandwerk ist wahrscheinlich das Schlüsselwort des Ganzen, weil es beides umfasst, die Kunst und das Handwerk. Wichtig ist, dass das Ganze „gedeckt“ stattfindet, also in einem geschlossenen Raum. Darauf bezieht sich ja auch sehr viel an Vokabular ...

SEMLER: Genau. Historisch war das folgendermaßen: Logen trafen sich in Gebäuden ohne Fenster und Türen. Der Einstieg in die Gebäude erfolgte durch weggeschobene Dachschindeln, die ein Loch eröffnet haben, in das eine Leiter hinuntergeführt hat. Die Brüder sind auf das Dach geklettert und durch das Loch in die Loge eingetreten. Anschließend wurden von einem außenstehenden Bruder, der Wache gehalten hat, die Dachschindeln wieder über das Loch gelegt. Damit war das Dach wieder geschlossen. Das nennt man „Deckung".

Dieser Begriff ist auch heute noch üblich. Wenn sich Freimaurer zu einer rituellen Arbeit treffen, legen sie darauf Wert, unter Deckung zu arbeiten, unter sich zu sein und von außen nicht gestört zu werden – ohne eine Möglichkeit für Außenstehende, durch Fenster, Türen oder Schlüssellöcher zu schauen und zu hören, was denn die Maurer sprechen und wie sie ihre Arbeit gestalten.

HAIDINGER: Bis vor wenigen Jahren war der Begriff „sich treffen" ganz klar und musste nicht näher definiert oder erklärt werden. Man kommt und trifft einander physisch. Im digitalen Zeitalter ist das nicht mehr so selbstverständlich. Wir haben eine Corona-Pandemie hinter uns, wo dieser Aspekt eine große Bedeutung erlangt hat. Man konnte nur mehr virtuell zusammenkommen, eine Zeit lang zumindest. Aber jetzt einmal abgesehen von den pandemischen Zeiten, ist doch die physische Anwesenheit eine ganz wichtige Komponente des freimaurerischen Tuns. Oder gibt es eine digitale Freimaurerei? Gibt es eine digitale freimaurerische Praxis, die den Kern des Tuns ausdrückt?

SEMLER: Die Pandemie hat uns gezwungen, Alternativen zu physischen Zusammentreffen zu finden. Natürlich ist das in diversen digitalen Formaten versucht worden. Wir haben aber nach kürzester Zeit festgestellt, dass die Wirkung für den Einzelnen – die Teilnahme an einer Videokonferenz mit den Brüdern – bei Weitem nicht jener gleichkommt, die ein persönliches Treffen dieser Menschen miteinander nach sich zieht.

Wir haben daher erkannt, dass wir das tun, um die Pandemie zu überbrücken, und wir haben uns auch bemüht, dass diese Übergangslösung möglichst große Wirkung entfaltet, haben aber feststellen müssen, dass sie nicht wirklich funktioniert. Daher haben sich alle schon gefreut, dass physische Treffen wieder möglich sind.
Das freimaurerische Wort ist das gesprochene Wort in einer Loge, wo es Reaktionen von anderen Menschen gibt, wo es Mimik gibt, wo es Gestik gibt, wo eine Interaktion unter nahestehenden Menschen stattfindet. Das ist unverzichtbar. Ich bleibe dabei: Die freimaurerische Kommunikation ist das gesprochene Wort in der Loge und nicht das gesprochene Wort in der Videokonferenz.

HAIDINGER: Wenn man mit verschiedenen Freimaurern spricht, hat man mindestens genauso viele Antworten auf verschiedene Fragen. Jetzt fragen wir den Großmeister: Es gibt einige, die sich als besonders esoterische Freimaurer definieren; es gibt andere, die das nicht tun, die sich selber als „Realos" – würde man sagen – sehen. Und bei den Esoterikern merkt man, dass sie, ich sag das jetzt einmal in meinen Worten, von einer Art Faraday'schem Käfig sprechen, der gewisse Schwingungen hat, die die Loge als mystisches Ereignis erscheinen lassen. Das bringt mich wieder zu der Frage nach der Transzendenz eines Geschehens in einer Vereinigung wie der Freimaurerei, die doch nicht aufs Jenseits schielt. Sie merken, dass ich jetzt auf den Raum abziele. Sie sagen, er ist kein religiöser Tempel, kein Gotteshaus, nichts, was aufs Jenseits anspielt. Aber wie kann dann dort überhaupt Esoterik stattfinden?

SEMLER: Der Grundkonsens der Freimaurer ist, dass jeder weiß, dass er sich nicht selbst geschaffen hat. Er akzeptiert – sonst könnte er nicht Freimaurer werden –, dass es etwas über ihm gibt, etwas Übergeordnetes, wenn man so will: Göttliches, ohne das Göttliche zwingend im religiösen Sinn zu sehen. Das kann für nichtspirituelle Brüder der Bauplan der Schöpfung sein, und das kann für religiöse Menschen ein jeweiliges Symbol in seiner eigenen Religion sein. Es ist jedem Freimaurer unbenommen, was er als das Göttliche ansieht. Der Grundkonsens ist, dass es das gibt. Und so unterschiedlich wir Freimaurer sind, so verschieden ist auch die Interpretation, wie bedeutsam die Interaktion zwischen dem eigenen Ich und dem Göttlichen ist. Ob man sagt, alles findet in diesem transzendentalen Raum statt, und man versucht, alles darauf herunterzubrechen; oder ob das alles naturwissenschaftlich zu begründen ist, das führt etwas weg vom Transzendentalen. Es obliegt der Interpretation des Einzelnen, wo er sich da mit seinem Denken einordnet.

HAIDINGER: Das ist alles in der Praxis innerhalb einer einzigen Loge unterzubringen, ohne dass Konflikte entstehen?

SEMLER: Ja, das ist in der Praxis unterzubringen! Denn das wirklich Schöne an der Freimaurerei ist, dass jeder Bruder von den anderen lernen kann. Es ist für einen eher naturwissenschaftlich ausgerichteten Menschen unglaublich schön, einen musischen Menschen über Transzendentales schwärmen und sprechen zu hören. Es wird seinen Horizont erweitern. Und umgekehrt gilt das ganz genauso.

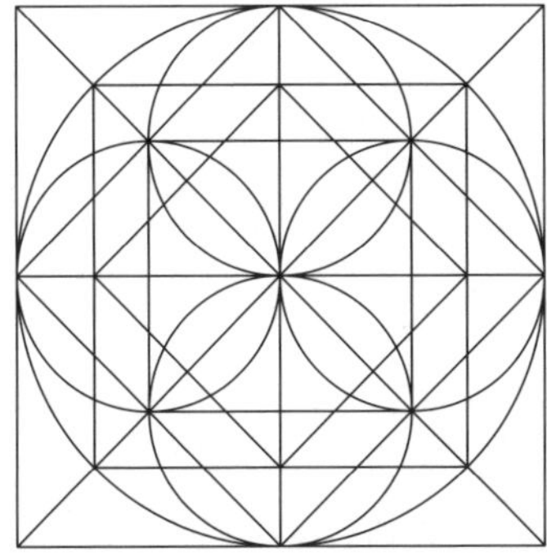

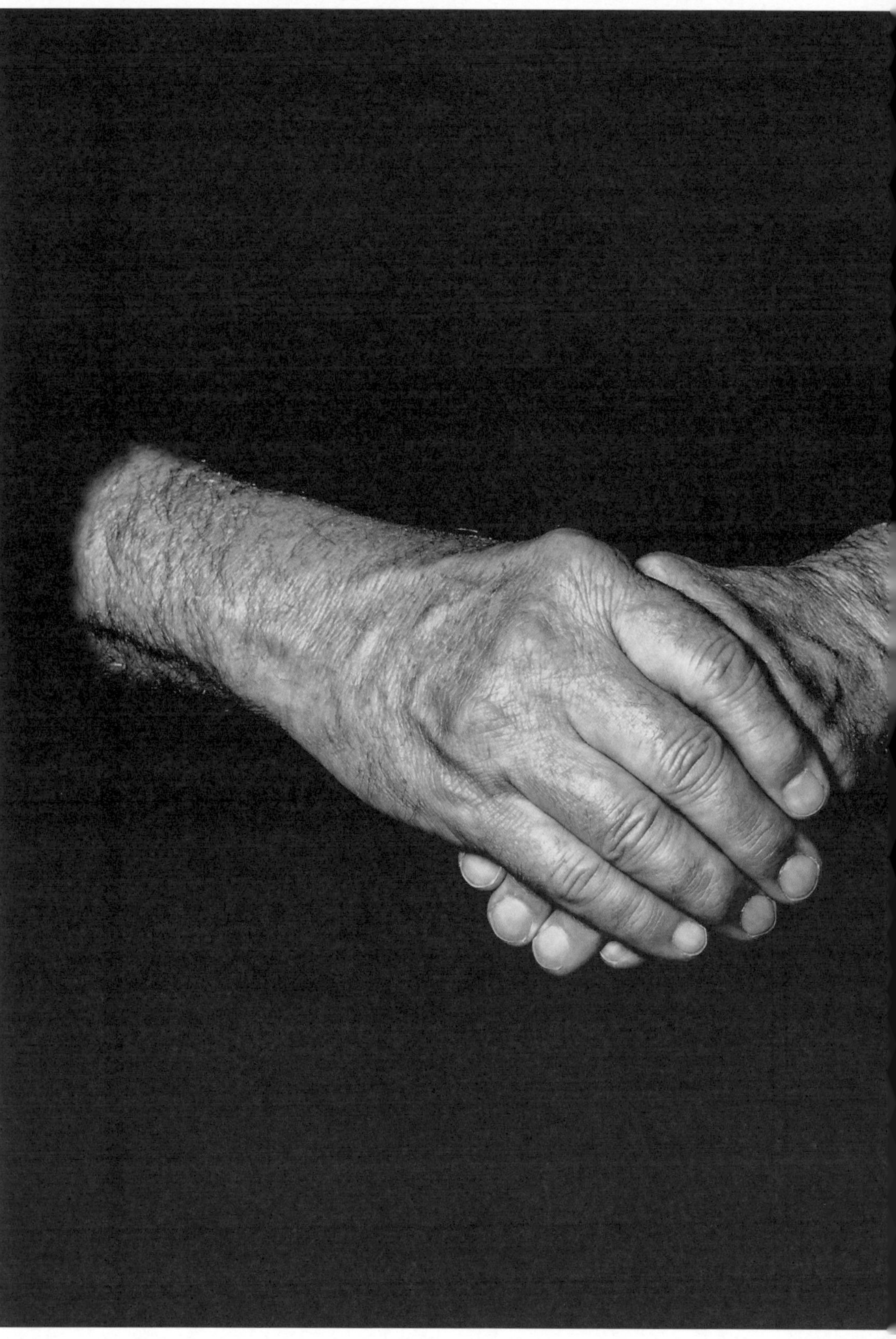

DIE LOGE ALS EREIGNIS

Rein technisch gesehen ist die Loge ein eingetragener Verein mit einem Obmann, dem „Meister vom Stuhl", und anderen Ämtern und Funktionen. Dahinter steht ein soziales Konstrukt, ein Gesellschaftsgewebe, das für die Beteiligten zum permanenten Ereignis wird.

In Österreich ist es üblich, dass die Logenbrüder einander an einem bestimmten Wochentag im Ein- oder Zwei-Wochen-Takt treffen. Daraus entsteht eine enge Bindung aneinander, die Konsequenzen für die Persönlichkeitsentwicklung jedes Einzelnen hat. Anderswo, in Großbritannien etwa, treffen Logen seltener, manchmal nur viermal pro Jahr, zusammen. Ihre Arbeit ist stärker ritualisiert und kennt andere Schwerpunkte.

Brüderlichkeit wird also weltweit unterschiedlich gelebt. In Mitteleuropa menschelt es umso mehr, je öfter und konsequenter die Logen zur Arbeit zusammenkommen. Der Hinterbau, die Kasematten der Logen sind die Familien der Brüder, die in der Regel vom Freimaurersein des Mannes, Sohnes, Vaters informiert sind und bei geselligen Zusammenkünften in das gesellschaftliche Leben der Logen miteinbezogen werden. Der Kitt des Ganzen ist das Phänomen der Brüderlichkeit.

HAIDINGER: Bei den Logenarbeiten sitzen nicht bloß ordentliche Mitglieder eines Clubs zusammen, die sich wie beim Kaninchenzüchterverein eben übers Kaninchenzüchten unterhalten, sondern dieses Erlebnis ist viel komplexer. Was hält dieses soziale Konstrukt zusammen? Brüderlichkeit – was ist das?

SEMLER: Die Freimaurerei ist kein Verein, dem man einfach beitritt oder wo man einfach „dazugeht". Die Freimaurerei ist eine Haltung, die jeder Freimaurer, wenn er als Suchender zur Loge kommt, ansatzweise schon in sich hat – diese Verbundenheit mit den Grundprinzipien der Maurerei. Spätestens mit seiner Aufnahme, der Initiation in die Freimaurerei, wird er diese Haltung weiterentwickeln – mithilfe seiner Brüder, die ihm dazu Denkanstöße geben.

Die Loge ist eine Personengruppe, die sich regelmäßig trifft, die sich den gleichen Werten verbunden fühlt, die auch ein Gelöbnis auf die Einhaltung dieser Werte abgelegt hat. Das Gelöbnis umfasst zudem die Einhaltung bestimmter Ordnungskriterien, die notwendig sind, damit so eine spezielle Gemeinschaft funktionieren kann.

Warum ist das überhaupt erforderlich? Weil wir davon ausgehen, dass in der Loge der Umgang zwischen den Brüdern eine Kommunikation ohne Visier sein sollte. Es sollte das Vertrauen unter den Brüdern – und das ist es in der Tat – so ausgeprägt sein, dass man auch offen über Dinge sprechen kann, die das Innerste des eigenen Wesens und der eigenen Persönlichkeit treffen, über persönliche Schicksalsschläge, was auch immer. Das geht nur, wenn man sich vertrauensvoll öffnen kann, und das funktioniert wiederum nur dann, wenn man die Sicherheit hat, dass dieses Vertrauen gerechtfertigt ist.

Daher gibt es Ordnungsprinzipien für das Zusammenleben der Menschen in einer Loge. Überschrieben wird das Ganze mit dem allumfassenden Begriff der Brüderlichkeit. Die Brüderlichkeit ist der Mörtel, der die einzelnen

Menschen zusammenhält und aneinanderbindet. Brüderlichkeit ist nicht zu verwechseln mit „verhabert" sein, sich gegenseitig die Mauer machen und die Stange halten und alles verzeihen, was der andere tut! Brüderlichkeit ist eine besondere Form der Nähe, die zwischen Menschen gleichen Geschlechts entstehen kann, die keine erotische Komponente hat, wie das sonst bei großer Nähe geschieht, sondern die eine intellektuelle, aber auch eine emotionale Nähe darstellt, wie sie am ehesten unter Geschwistern zu beschreiben ist.

HAIDINGER: Aber es ist kein Freundesbund, oder? Ein Bruder muss kein Freund sein?

SEMLER: Ein Bruder muss kein Freund sein, aber ich muss ihn wertschätzen, ich muss ihm respektvoll gegenübertreten. Und ich muss mich in meiner Kommunikation mit ihm so verhalten, dass sie sehr offen funktionieren kann. Es gibt natürlich Brüder, die darüber hinaus befreundet sind und gemeinsam auf Urlaub fahren, Bergtouren machen oder segeln gehen, aber das ist nicht zwingend.

HAIDINGER: Ich fasse zusammen: Die Kommunikation muss funktionieren, und darüber hinaus muss als Grundvoraussetzung gegenseitiger Respekt vorhanden sein. Das ist ja dann eigentlich fast eine kleine Welt, in der die große ihre Probe hält – so wie Menschen ganz generell miteinander umgehen sollten.

SEMLER: Das ist sehr zutreffend beschrieben. Wir wollen in der Freimaurerei die Charakterbildung der Einzelnen so weit fördern, dass diese Menschen wertvolle Mitglieder der Gesellschaft sind. Und so gesehen wollen wir Vorbild sein in der Art, wie wir miteinander umgehen – respektvoll und vertrauensvoll.

HAIDINGER: Die Brüderlichkeit ist etwas, das auf ein ganzes Leben angelegt wird. Die Freimaurerei ist ein Lebensbund. Jetzt gibt's „lebenslänglich" als Urteil, als Verurteilung im strafrechtlichen Sinne, in Form einer lebenslänglichen Haft. Wie ist denn das, wenn man jetzt lebenslang beziehungsweise lebenslänglich aneinander gebunden ist? Das kann ja bisweilen zu Friktionen führen. Wie kommt man aus solchen Situationen wieder heraus?

SEMLER: Ich glaube, der passendste Vergleich ist der mit einer Ehe. Da beschließen ebenfalls zwei Menschen an dem Tag, an dem sie heiraten, dass sie ein Leben miteinander verbringen wollen und einander in guten und schlechten Zeiten bis ans Ende ihrer Tage treu sein werden.
Wir wissen, dass das nicht immer möglich ist und nicht immer zutrifft. Das ist in der Freimaurerei nicht viel anders. Die Zugehörigkeit zum Bund ist auf das Wort hin gegeben. Es ist das Ehrenwort, dass ich mich darum bemühen will. Dazu wird aber gesagt, dass die Verpflichtung besteht, mich von der Freimaurerei nicht ohne wichtigen Grund zu lösen und nicht ohne vorher geziemend um eine Entlassung ersucht zu haben. Das ist kein Demütigungsakt, sondern soll lediglich die Garantie bringen, dass ein Bruder, der sich von seiner Loge – aus welchen Grund immer – abwenden will, mit seinem Stuhlmeister (also dem Meister vom Stuhl) darüber spricht, seine Motive offenlegt und dem Stuhlmeister die Möglichkeit gibt, gegebenenfalls noch Stolpersteine aus dem Weg zu räumen, wenn es um Missverständnisse geht.
Wenn der Entschluss des Bruders dann feststeht, dass er nicht mehr Freimaurer sein will, dann bleibt er es zwar, aber er kann die Loge verlassen.

HAIDINGER: Aha, da möchte ich jetzt nachfragen. Was heißt, er bleibt es, aber er kann die Loge verlassen? Man kann quasi – um in Ihrem Bild zu bleiben – die Ehescheidung nicht vollziehen?

SEMLER: Man kann die Scheidung von Tisch und Bett vollziehen, aber das, was er in der Freimaurerei gelernt hat, das, was er mitgenommen hat, das sollte ihn zu einem Freimaurer gemacht haben, und der bleibt er. Es ist die Haltung, die er entwickelt hat. Die legt er ja nicht ab – auch wenn er sagt, er könne mit seinen Logenbrüdern nicht mehr so gut reden.

HAIDINGER: Wenn jetzt jemand also bekundet, nicht mehr Freimaurer sein und auch diese Haltung ablegen zu wollen, dann bleibt er es in Ihrer Sicht trotzdem?

SEMLER: Nein, er kann natürlich diese Haltung auch ablegen. Und wenn er all die Dinge, die er einen längeren Zeitraum geglaubt hat, plötzlich ganz anders sieht, wird er sich irgendwann immer weiter entfernen. Dann wird er als Freimaurer nicht mehr erkennbar sein.

HAIDINGER: Das ist eine hoch spannende Sicht der Dinge, aber auch ein wichtiger Punkt, der in einigen Verschwörungstheorien eine große Rolle spielt, wo behauptet wird, man könne gar nicht austreten. Man werde dann sogar von der Bruderschaft verfolgt, wenn man formal ausgetreten ist, man werde immer unter Beobachtung stehen und so weiter ... Sie sagen also auch, dass man im Prinzip nicht austreten kann?

SEMLER: Nein, ich habe im übertragenen Sinne gemeint, dass die Haltung, die man dort erfahren hat, ein Teil der Persönlichkeit geworden ist. Man legt sie ja nicht so einfach mit dem Schritt, nicht mehr in eine Loge zu gehen, ab. Natürlich kann man sich im Lauf der Zeit in eine andere Richtung entwickeln, und dann wird man eben als Freimaurer auch kaum noch wahrgenommen werden.
Der formale Austritt aus der Loge ist einerseits leichter, andererseits schwerer als der Austritt aus einer Religionsgemeinschaft: Ich brauche

keine staatlichen Organe, es gibt kein großes Verfahren, aber ich muss mich einer Person gegenüber erklären, was meine Motive sind, um ihr die Chance zu geben, etwaige Missverständnisse – die am Weg entstanden sind – ausräumen zu können.

HAIDINGER: Reden wir nicht so viel vom Austritt, sondern sprechen wir vom Hineinkommen! Da gibt es doch im Ritual das Nachspielen verschiedener zugrunde liegender Legenden, grundlegender Geschichten. Die Rezeption, die Aufnahme, wird ja als Wiedergeburt inszeniert.

SEMLER: Tatsächlich ist Rezeption mit Ausnahme der Weihen in Religionsgesellschaften die einzige Initiation, die es in unserer modernen Zeit noch gibt. Es sollte jener Punkt sein, wo mit bestimmten Teilen der Persönlichkeit des Aufzunehmenden in der Tat ein Neubeginn gesetzt wird, indem das, was vorher war, zurückbleibt und hier der Blick auf etwas Neues gerichtet wird. Das betrifft vor allem das Schärfen von Instinkten Richtung Humanität, in Richtung eines brüderlichen Umgangs mit Menschen und dergleichen mehr ... Das, was die Prinzipien und Tugenden der Freimaurerei ausmacht.

HAIDINGER: Also eine Verwandlung?

SEMLER: Ja. Und diese Verwandlung wird spürbar. Die meisten Suchenden sind nach der Rezeption überwältigt; vor allem davon, dass sie in eine große Gruppe von Männern hineinkommen, die sie umgeben und die ihnen besonders warmherzig gegenübertreten. Etwas, das sie in der heutigen Zeit kaum mehr gewöhnt sind: dass diese Brüderlichkeit von dem Tag an, wo man durch den Hammerschlag zum Bruder Freimaurer wurde, besteht – diese Brüderlichkeit mit allen anderen Freimaurern, die bei der Rezeption dabei waren oder auch nicht dabei waren.

HAIDINGER: Wundert es Sie eigentlich angesichts dessen, dass Religionsgemeinschaften oder andere Gesinnungsgemeinschaften eifersüchtig auf dieses Phänomen vermeintlicher Konkurrenz sind?

SEMLER: Damit haben wir historisch zu leben gelernt. Das hat die Freimaurerei lange insbesondere seitens der katholischen Kirche zum Feindbild gemacht und 1738 zur ersten päpstlichen Bannbulle *In eminenti apostolatus specula* gegen die Freimaurer geführt. Ihr sind bis ins 20. Jahrhundert hinein noch circa 20 weitere gefolgt. Lange hat es gedauert und viele Bemühungen hat es gekostet, bei denen gerade Österreicher maßgeblich beteiligt waren, dass der Konflikt mit der katholischen Kirche langsam aufgelöst oder auf das reduziert wurde, was er war, nämlich ein Missverständnis.

HAIDINGER: Sprechen wir über die letzten Dinge: die Freimaurerei und der Tod. Wenn man die Transzendenz nicht zu seiner Aufgabe gemacht hat und vor allem nicht das Leben danach, dann hat doch der Tod bei so einer festgefügten Gemeinschaft wieder eine ganz eigene Rolle, oder?

SEMLER: Der Tod hat eine eigene Rolle. Wir versuchen durch die Beschäftigung mit dem Faktum, dass alles Leben endlich ist und alles Leben irgendwann im Tod endet, dem Tod den Schrecken zu nehmen, die Menschen darauf vorzubereiten, dass dieser Zeitpunkt irgendwann gekommen sein wird und ihnen widerfährt. Wir versuchen, sie damit in einen Zustand zu versetzen, der es ihnen ermöglicht, mit dem Tod gelassener umzugehen. Ein Bruder Freimaurer, der in seinen letzten Lebenszügen lag, hat es einmal wunderschön formuliert, indem er auf die Frage, ob er an ein Leben nach dem Tod glaubt, geantwortet hat: „Nein, damit rechne ich nicht." Und nach einer kurzen Pause – lächelnd – hat er gemeint: „Aber schön wär's schon."

HAIDINGER: Das heißt, ein Freimaurer hat keine Angst vor dem Tod?

SEMLER: Ich weiß nicht, ob man das so apodiktisch sagen kann, aber wir versuchen uns darauf vorzubereiten und damit dem Tod seinen Schrecken zu nehmen. Mit allem, worauf man vorbereitet ist, kann man doch etwas besser umgehen.

Ein Nichtfreimaurer verdrängt häufig die Existenz des Todes. Er schaut nur dann hin, wenn er unmittelbar damit konfrontiert ist, und verdrängt ihn gleich wieder, bis er ihn selbst ereilt. Es ist aber doch häufig so, dass die letzten Dinge im Leben oft länger dauern und diese letzten Tage oder Wochen nicht so schnell vergehen. Man muss akzeptieren, dass der Tod irgendwann vor der Tür steht. Da hilft es, wenn man darauf vorbereitet ist.

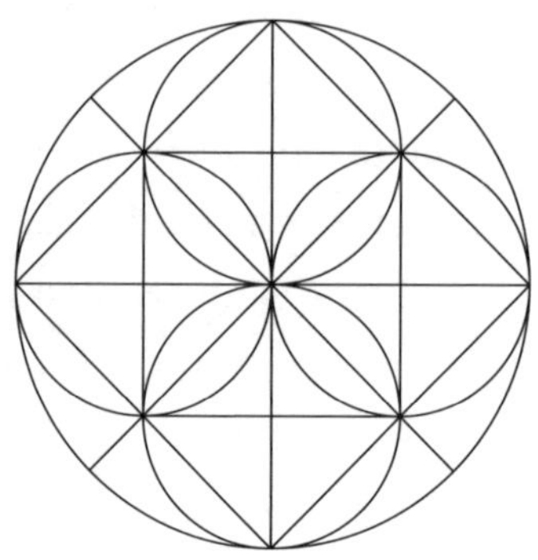

DAS RITUAL

„Ein Ritual ist eine psychologisch geschickte Zusammenstellung von feierlichen Handlungen, vorgewiesenen Symbolen und magisch wirksamen Worten. Das Ritual ist immer ein Gruppenphänomen mit Erlebnischarakter für den Einzelnen. Für die Wirksamkeit eines Rituals ist es belanglos, ob man es versteht." So schrieb der österreichische Freimaurer Hans Bankl in seinem Buch *Hiram* über das Ritual im Tempel.

Wer Freimaurerei betreiben will, muss sich nicht bloß mit Ritualen abfinden, das reicht nicht; er muss sich mit ihnen anfreunden, sie erleben wollen. Denn Rituale durchziehen das Leben der Loge. Nebenbei ist sehr viel über masonische Ritualistik in der frei zugänglichen Literatur oder im Internet zu finden – oft genug bruchstückhaft, unvollständig, bisweilen verfälscht oder erfunden. Alles in allem kann man aus diesen Fragmenten wenig bis gar nichts über die tatsächlichen Vorgänge in den Bauhütten erfahren. Emotionen sind wohl mindestens genauso im Spiel wie Logik und Vernunft.

Wie erklärt nun ein Freimaurer wie Georg Semler die Welt dieser Zeremonien und Bräuche, wenn er sie doch nicht konkret „verraten" darf? Der Großmeister versucht zumindest darzulegen, worum es dabei geht ...

HAIDINGER: Nach dem, was ich so gelesen habe, fallen mir zum masonischen Ritual drei sehr unterschiedliche Begriffe ein: Vernunft, Geometrie und Esoterik. Ist das jenes Spannungsfeld, in dem sich das Ritual abspielt? Oder ist das zu kurz gegriffen?

SEMLER: Es sind wesentliche Bausteine, die das Ritual ausmachen, oder Werkzeuge, die zum Ritual führen. Aber das Ritual hat eine weit darüber hinaus gehende Bedeutung für den Einzelnen. Dazu würde ich gerne etwas weiter ausholen: Menschen, die mit ihrem Leben zufrieden sind, die glücklich sind, haben, ob beabsichtigt oder unbeabsichtigt, in vielen Lebensbereichen Rituale. Rituale geben einen Rahmen, Rituale geben Sicherheit, Rituale geben das Gefühl der Vertrautheit mit Abläufen. Sie haben eine ganz wesentliche Funktion; ob das jetzt Familienrituale sind, dass man sich an bestimmten Tagen und zu bestimmten Ereignissen trifft und immer dasselbe isst oder immer derselbe Onkel das Wort ergreift – was auch immer ... Das ist Struktur für ein Leben, und man merkt erst, wie wichtig sie ist, wenn der Onkel plötzlich nicht mehr da ist. Erst dann realisiert man die Bedeutung eines rituellen Zusammentreffens.
Freimaurerische Rituale sind vor allem durch zwei Dinge geprägt: durch die Sprache, die sehr einprägsam, sehr klar, sehr präzise ist, teilweise ein bisschen antiquiert wirkt, aber in dieser Antiquiertheit Aufmerksamkeit erzielt. Und die Wirkung, die die Sprache auf den Einzelnen hat, das, was diese sprachlichen Impulse mit dem Einzelnen, mit der Psyche, mit dem Denken des Einzelnen, des Adressaten machen.
Wenn nach einer Sommerpause von zwei Monaten wieder Logentreffen stattfinden, nachdem alle in ihrem Privatleben und Urlauben verfangen waren, wenn wir uns Anfang September wieder in der Loge treffen, ist die häufigste Feststellung: „Mir ist das schon so abgegangen, unser wöchentliches Ritual!" Und ich kann nur von mir selbst sagen – ich bin seit mehr als 30 Jahren Freimaurer: Ich hab am Anfang die Rituale als intel-

lektuell schön und interessant empfunden. Es hat aber eine Zeit gedauert, bis die Wirkung des Rituals bei mir voll eingetreten ist. Heute kenne ich nahezu alle unsere gängigen Rituale auswendig, weil ich sie oft genug erlebt habe. Ich zucke zusammen bei jedem Wort, das jemand anders setzt, als es niedergeschrieben ist. Die Rituale sind einfach ein Ort der Sicherheit für mich.

HAIDINGER: Jetzt ist ein Ritual rein verhaltenspsychologisch etwas, das eine Sublimation darstellt. Das heißt, es ist ein stellvertretender Akt für etwas, das einmal real war. So wie bei Jagdritualen: Man muss heute kein erlegtes Mammut mehr umtanzen, trotzdem hat man ein Ritual mit Jagdhörnern und so weiter. Man muss keinen Menschen mehr opfern, trotzdem haben die Katholiken und die Orthodoxen die Wandlung, was immer auch ... Wofür steht das freimaurerische Ritual? Was sublimiert es? Was steckt archaisch dahinter? Da muss ja einmal etwas gewesen sein. Ist das ein Opfer?

SEMLER: Also mit Opfern und Blutritualen kann ich gar nichts anfangen, in der Freimaurerei sind sie nicht vorhanden. Unsere Rituale sprechen den Geist an oder über den Geist auch die dahinterliegende Emotion. Das Ritual macht etwas mit einem, wenn man sich darauf einlässt. Es schafft ein Wohlgefühl. Es weckt bestimmte Emotionen, die es nur in diesem Setting geben kann. Wir Freimaurer verwenden gerne den Satz: „Wir können unsere Rituale nicht verraten.“ Es geht nicht einfach nur um den Wortsinn, sondern man muss das erleben, um es empfinden zu können.

HAIDINGER: Der Freimaurer Hans Bankl hat einmal geschrieben: „Für die Wirksamkeit eines Rituals ist es belanglos, ob man es versteht.“ Das widerspricht aber dem Anspruch, dass es eine intellektuelle Angelegenheit ist – also doch eine rein affektive Sache?

SEMLER: Ich würde sagen, es ist nicht notwendig, dass man alles sofort versteht. Denn wenn man Rituale über viele Jahre und Jahrzehnte immer wieder hört, entdeckt man oft eine neue Interpretationsmöglichkeit. Das hat auch mit dem eigenen seelischen und emotionalen Zustand zu tun, dass man plötzlich etwas anderes an diesem Tag in der gleichen Wortfolge erkennt, als man es an anderen Tagen erkannt hat. Das hat schon eine Tiefe und eine Vielschichtigkeit, die beachtlich ist.

HAIDINGER: Wenn man sich durchliest, was über masonische Rituale öffentlich bekannt ist, erkennt man, dass die Geometrie eine große Rolle spielt, das, was im 18. Jahrhundert vom Kosmos bekannt war oder hochgerechnet wurde. Wie mathematisch ist das alles angelegt? Wie kann man sich das vorstellen?

SEMLER: „Mathematisch“ ist für mich nicht die Erklärung. Wenngleich wir bestimmte Zahlen als symbolisch sehen. Es gibt ein symbolisches Alter, die Zahl Drei hat eine gewisse Relevanz. Es sind schon diese auch in der Antike bereits als mystisch oder besonders überlieferten Zahlen, immer die Primzahlen, die eine besondere Bedeutung haben. Darüber hinaus gibt es aber keine mathematische Formel, die Rituale aufschlüsselt.

HAIDINGER: Jeder, der ein Ritual kennt, im Alltag, im Religiösen oder in anderen Zusammenhängen, weiß, dass, wenn es schlecht gemacht ist, der Grat zwischen Erhabenheit und Lächerlichkeit ein schmaler ist. Ist das der Grund, warum die freimaurerischen Rituale geheim gehalten werden?

SEMLER: Nein, ich glaube, es hat einen anderen Grund. Wer die Gesamtsituation in der emotionalen Verbindung zu den Brüdern, die am Ritual mitwirken, nicht erlebt und nicht kennt, sondern nur einen Text liest, für den wird vieles davon unverstanden und unempfunden bleiben. Und alles, was man nicht versteht, wird dann mitunter auch mal lächerlich gemacht, um das eigene Unverständnis zu kaschieren. Das wollen wir uns ersparen, weil es niemandem nützt. In Wahrheit sind aber viele unserer Rituale immer wieder in die Öffentlichkeit gekommen. Wir reagieren meist so darauf, dass wir sagen: „Na und, diese Öffentlichkeit wusste damit nichts anzufangen!"

HAIDINGER: Öffentlichkeit ist also ein Antidot, ein Killer für eine geschlossene rituelle Gemeinschaft?

SEMLER: Ja, weil die Gemeinschaft von der Geschlossenheit lebt. Der Blick von außen, vielleicht nur irgendeinen Ausschnitt herzunehmen ... Ein solcher Ausschnitt kann missverstanden und lächerlich gemacht werden. In Wahrheit halten wir das aber im Fall des Falles aus.

HAIDINGER: Worüber es die meisten Geheimnisse gibt oder die meisten Verschwörungsgeschichten, sind Erkennungszeichen. Jetzt ist mir schon klar, dass Sie nicht offen darüber sprechen dürfen, welche Erkennungszeichen das sind, aber können Sie uns ganz generell sagen: Gibt es sie, und wenn ja, welche Bedeutung haben die überhaupt?

SEMLER: Das Thema Erkennungszeichen wird in der Öffentlichkeit und wenn man ins Internet schaut – mich hat ein Freund erst vor Kurzem darauf aufmerksam gemacht – wirklich wunderbar fehlgeleitet. Es gibt zum Beispiel die Theorie, dass ein bestimmter Griff zur Krawatte ein geheimes freimaurerisches Erkennungszeichen sei. Es wurden unzählige Beispiele von Politikern aller möglichen Parteien und Länder gebracht, die sich im Rahmen irgendwelcher Pressekonferenzen auf bestimmte Weise die Krawatte richteten und sich damit vermeintlich als Freimaurer enttarnten. Das geht an der Realität völlig vorbei. So banal ist es nicht.

Es gibt in der Tat Begrifflichkeiten, die dem Freimaurer zu eigen sind, die man ins Gespräch einfließen lassen kann, ohne dass es ein Außenstehender merkt, und ein Freimaurer, dem die Begrifflichkeit etwas sagt, wird daraus ableiten können, dass man es mit einem Bruder Freimaurer zu tun hat. Da können auch andere zuhören, das könnte man als geheimes Erkennungszeichen interpretieren. Es hängt aber sehr von der Geschicklichkeit des Einzelnen ab.

HAIDINGER: Apropos Krawatte: Gibt es für das Ritual besondere Bekleidungsvorschriften?

SEMLER: Also wir sind keine Tanzschule, in der es Bekleidungsvorschriften gibt oder Regeln, wie geputzt die Schuhe sein müssen. Eines ist allen klar: Unsere Treffen sollten mit einer gewissen Würde vonstattengehen, und da zählt auch würdevolle Kleidung dazu, was immer man darunter versteht. Die meisten Menschen sehen darin noch, eine Krawatte zu tragen. Es gibt aber genauso Logen, die die Würde nicht zerstört sehen, wenn der oberste Hemdknopf offen ist. Was nicht gerne gesehen und als völlig unpassend empfunden wird, ist, wenn man in Shorts und mit Sandalen zu einer Tempelarbeit, zu einem Logentreffen kommt. So ein Bruder würde sich aber auch nicht wohlfühlen, wenn alle anderen im dunklen Anzug dort stehen und er mit Sandalen und Shorts. Da muss er sich ja ausgeschlossen fühlen.

HAIDINGER: Was hat's mit den weißen Handschuhen auf sich? Außerdem gibt im Internet Videos, in denen Freimaurer einen Zylinder aufhaben, einen Frack tragen ...

SEMLER: Die Erscheinungsformen der Freimaurerei sind aus historischen Gründen in verschiedenen Ländern und Regionen unterschiedlich. Zylinder sind eine Eigenheit der Freimaurerei in Norddeutschland. Von Hamburg aus ist sie für bestimmte deutschsprachige Logen nach England hinübergelangt, eine althergebrachte Form, die nie geändert wurde.

Das Interessante beim Zylindertragen ist, dass man immer, wenn vom „Großen Baumeister aller Welten", also dem Symbol des Göttlichen die Rede ist, den Zylinder abnehmen muss. Da das in einem Ritual öfter vorkommt, führt das mitunter zu Leibesübungen. Die Brüder ohne Zylinderzwang beneiden also die mit ihrem sogenannten hohen Hut nicht.

Weiße Handschuhe sind ein Teil unserer sogenannten freimaurerischen Bekleidung. Diese dient dazu, eine Abgrenzung der profanen Welt und der Welt in einer Loge vorzunehmen. Die weißen Handschuhe werden nur bei Festarbeiten getragen und symbolisieren, dass man mit reinen Händen ans tägliche Werk gehen sollte.

In der Corona-Pandemie hatten die weißen Handschuhe noch eine ganz andere Funktion: Wir mussten uns keine weiteren Vorschriften geben! Wenn man sich die Hand gibt und Handschuhe anhat, ist das auch pandemisch sinnvoll.

HAIDINGER: So kommt Ritualen manchmal ein ganz praktisch fassbarer Nutzen zu.

SEMLER: Genau.

DIE GRADE

Freimaurer sind lernende Menschen und teilen einander Lehrinhalte mit. Weil ihnen bewusst ist, dass der raue Stein niemals ganz geglättet sein wird, hört das Lernen niemals auf, solange die Welt besteht. In der Tradition aller seit der Antike existierenden Mysterienbünde, die spezielles Wissen erhalten, verwalten und weitergeben, kennt die Freimaurerei die Initiation in Lehrstufen, sogenannte Grade. Die klassische, auf der ganzen Welt existierende Freimaurerei hat die biblische Gestalt Johannes des Täufers als Schutzpatron, dessen Festtag der 24. Juni ist. Zu dieser Zeit, rund um die Sommersonnenwende, schenkt der Himmelskörper sein maximales Licht. Für die Freimaurer symbolisiert dieses Datum den Sieg des Tages über die Nacht, des Lichts über die Finsternis.

Die Grundfarbe der „Johannismaurerei" ist Blau, ihr Lehrgebäude umfasst drei Stufen: Lehrling, Geselle und Meister. Diese drei symbolischen blauen Grade enthalten den gesamten masonischen Lehrinhalt von der Selbsterkenntnis über die Reflexion des persönlichen Sozialverhaltens bis zur Vergegenwärtigung der eigenen Endlichkeit. Welche Rolle spielen die Grade im Alltag der Freimaurer? Resultiert aus ihnen eine Art Hierarchie?

HAIDINGER: Georg Semler, ist die Freimaurerei eine hierarchische Gesellschaft? Neben Ämtern wie in jedem Verein ist da von Graden die Rede.

SEMLER: Grade sind formal gesehen den historischen Dombauhütten, dem Handwerk der Steinmetze, nachempfunden, wo der Junge als Lehrling beginnt, mit einfachen Aufgaben betraut wird, die er zu bewältigen hat, und in seinem Wissen voranschreitet und dann eine Gesellenprüfung ablegt, die Zeugnis über seinen Wissensstand geben soll. So ist er im zweiten Grad eben Geselle. Daraufhin wiederholt sich das Ganze, und schlussendlich wird er zum Meister und erreicht den höchsten Grad des formalen Wissens. Äußerlich ist das den Steinmetz-Berufszünften nachempfunden, inhaltlich sind es aber Erkenntnisstufen, die mit Wissen und Erfahrung einhergehen sollen.
Die Freimaurerei ist alles andere als hierarchisch, sie hat eine zutiefst demokratische Struktur. Wenn das Wissen als Meister erreicht ist, das ist üblicherweise drei Jahre nach Aufnahme in den Bund, sind innerhalb dieses Grades alle gleich. Wie in jeder demokratischen Struktur werden aufgrund von Wahlen Ämter auf Zeit vergeben, die bestimmte Funktionen und Befugnisse haben.

HAIDINGER: Bleiben wir bei den Graden. Sie haben jetzt die Werkmaurerei als Vorbild genannt, also die Handwerkszünfte. Da heute Zünfte bei der Freimaurerei nicht mehr die Rolle von früher spielen, sind Grade eher als geistige Form anzusprechen. Was unterscheidet Sie hier von geistlichen Orden?

SEMLER: Mit geistlichen Orden verbindet uns nicht allzu viel, denn die Ordensstruktur ist oft eine hierarchische, und die gibt es in der Freimaurerei nicht. Das gilt im Übrigen auch für jedes höchste Amt der Maurerei in einem Land oder einem Territorium. Die höchste Autorität ist der

Großmeister, der demokratisch auf eine Funktionsperiode von drei Jahren gewählt wird. Mit dem Amt gehen Befugnisse einher und Aufgaben, die es im Interesse der Gemeinschaft zu lösen gilt. Es ist aber keine Hierarchie, die dadurch entsteht, sondern wir Freimaurer sagen gerne: „Höhere Fähigkeiten tragen dem Einzelnen nur größere Pflichten auf." Das heißt, wer für geeignet gehalten wird, hat mehr Verpflichtung, für die Gemeinschaft sein Wissen, sein Können und seine Fähigkeiten einzusetzen.
In allen Graden geht es nicht mehr um das Entwickeln von Bauwerken, das Zeichnen von Plänen für Steinmetzarbeiten, sondern um die Errichtung eines Gedankengebildes des Tempels der allgemeinen Menschenliebe. Das Ziel ist ein Gefüge aller Menschen, die in Harmonie miteinander leben sollen.

HAIDINGER: Also auch eine Art Bauwerk, aber ein spekulatives.

SEMLER: Es ist ein fiktives, spekulatives Bauwerk, aber wir sind immer noch in den Bildern unserer Wurzeln verhaftet: in den Steinmetzbildern.

HAIDINGER: Ich frage deshalb wegen der Grade, weil unsere Gesellschaften heute, zumindest in den westlichen Demokratien, ja zum Egalitären tendieren, jedenfalls wird das so gefordert. Und Graderteilungen sind natürlich in einer nichtständisch organisierten Gesellschaft nicht mehr so einfach zu vermitteln.

SEMLER: Die egalitäre Gesellschaft wird in manchen Bereichen wohl missverstanden. Sie bedeutet gleiches Recht für jeden, der an der Gesellschaft teilnimmt. Es kann aber nicht nach sich ziehen, dass alle, die an der Gesellschaft teilnehmen, gleiche Fähigkeiten und die gleiche Bereitschaft haben, ihre Fähigkeiten zu verbessern und besser zu werden. Das behindert das demokratische Prinzip keinesfalls! Umgekehrt bilden sich auch in egalitären Gesellschaften so etwas wie Eliten heraus. Wenn ich von geistigen Eliten spreche, die einfach etwas besser wissen und mehr können, bedeutet das noch keine Vorrechte. Aber sie können trotzdem elitär in ihren Gedanken sein.

HAIDINGER: Weist das die Freimaurerei nicht als ein konservatives Gedankengebäude aus? Mit radikalen, fast anarchistischen, egalitären Ideen ist sie dann eigentlich nicht vereinbar.

SEMLER: Nein, damit ist sie tatsächlich nicht vereinbar. Freimaurer sind ja auch keine Revolutionäre. Freimaurer leben in konservativen Strukturen, sie denken nur nicht konservativ. Ihre Gedanken, die Themen, mit denen sie sich beschäftigen, und die Ziele, die sie verfolgen, sind höchst dynamisch.

HAIDINGER: Ist diese Kombination das Geheimnis zum Erfolg?

SEMLER: Ja. Ich glaube, dass die heute so konzipierte Freimaurerei erfolgreich ist, und wahrscheinlich ist das eine konservative Form, eine Pflege der Tradition einerseits, aber die Freiheit und Dynamik der Gedanken andererseits. Ein wirklich interessantes Spannungsfeld.

HAIDINGER: Das irritiert aber offenbar auch viele Menschen.

SEMLER: Ja, weil Menschen immer die einfache Antwort suchen, die dann für alle Bereiche gleichermaßen gelten soll. Die Wahrheit ist immer jedoch etwas Schillerndes.

HAIDINGER: Gehen wir vielleicht zu den Ämtern. Ein sehr interessantes Amt, schon allein von der Bezeichnung, ist der „Meister vom Stuhl". Was hat der zu tun?

SEMLER: Der Meister vom Stuhl ist profan ausgedrückt der Obmann des Logenvereins. Neben anderen vereinsüblichen Funktionen wie Kassier und Schriftführer gibt's dann noch spezifische rituelle Ämter, die ebenfalls per Wahl und für eine bestimmte Funktionsperiode vergeben werden. Meister vom Stuhl heißt er deshalb, weil er während der Logenarbeit auf einem isoliert stehenden Sessel den Vorsitz über die Logenarbeit führt. Es handelt sich also um einen Vereinsobmann, der an der Stirnseite der Tafel sitzt und die Vereinssitzung leitet.

HAIDINGER: Ist der Meister vom Stuhl dann ein „Diktator auf Zeit"? Müssen alle nach seiner Pfeife tanzen oder sind Einsprüche möglich?

SEMLER: Grundsätzlich hat er schon eine große Fülle an Befugnissen und auch eine Autorität, die gerne respektiert wird. Ich glaube, dass die Brüder solidarisch mit ihm sind und ihn unterstützen, weil sie ihn schließlich mit großer Mehrheit in das Amt gewählt haben. Die Wahlen sind meist eindeutig. Es kommt ganz selten zu Kampfabstimmungen, wo es nur um einzelne Stimmen geht. Meistens gibt es eine Stimmung, die aus der gesamten Gruppe der Loge heraus kommt, dass der betreffende Bruder in der heutigen Zeit in der jetzt gegebenen Situation der Richtige ist, um den Vorsitz zu führen.
Ich erkläre das Amt des Meisters vom Stuhl auch gerne mit dem Bild des Hirtenhundes. Er ist derjenige, der darauf schauen muss, dass die Gruppe beisammenbleibt. Er hat sehr viel gruppendynamisches Verständnis aufzubringen und auch Problemchen zu lösen, die in Gemeinschaften entstehen können. Er muss sehr viel mehr arbeiten als andere, er muss um die Herde herum sein. Das ist heute nicht mehr ein körperliches Herumlaufen, sondern meist das ausgiebige Benützen eines Mobiltelefons, um Stimmungen abzuholen, einzufangen, um alle wieder auf einen gemeinsamen Weg einzuschwören und kleine Probleme und Befindlichkeiten auszuräumen.

Es ist ein Vereinsobmann, der aber auch in einem gruppendynamischen Prozess verantwortlich ist, dass dieser Prozess gelingen mag, dass die Gruppe gut funktioniert und in Harmonie zusammenkommen kann.

HAIDINGER: Kann man es so zusammenfassen, dass sowohl Grade als auch Ämter in der Freimaurerei, so individuell und geradezu individualistisch die einzelnen Mitglieder sein mögen, gewisse Mentalitäten schaffen? Daraus erwächst doch eigentlich dieser Way of Life auch in der sogenannten profanen Welt.
Wenn man zu Ämtern und Graden eine eigene Beziehung hat, schlägt sich das doch aufs ganze Leben nieder?

SEMLER: Ja. Ich glaube, dass gerade das Amt des Meisters vom Stuhl, des Vorsitzenden in der Loge, eines ist, wo die meisten, die von ihren Brüdern in das Amt gewählt werden, sich gleich zu Beginn überlegen, was sie mit dem Amt machen werden, was sie mit der Gruppe machen werden, welche persönliche Handschrift sie anbringen wollen. Und am Ende einer Funktionsperiode stellt man fest, dass sich all das, was man sich anfangs vorgenommen hatte, im Lauf der Zeit als Zielsetzung völlig verändert hat. Man erkennt, dass die Aufgabe, die man sich stellt, viel mehr mit einem selbst macht als umgekehrt. Das ist ein ganz interessantes und durchgängig erlebtes Phänomen. Es kommt jeder Meister vom Stuhl mit einem persönlich höheren Reifegrad aus dem Amt, als er hineingegangen ist, und das macht die Freimaurerei auch als Lebensschule so unvergleichlich. Da gibt's keine Regelhefte – es passiert einfach, und im Ergebnis ist es dann spürbar.

HAIDINGER: Noch einmal potenziert muss das ja in der Großloge vorkommen. Sie sind Großmeister, bei Ihnen erscheint dieser Auftrag zum Quadrat – mit wie vielen Logen?

SEMLER: Es sind über 80 Logen in Österreich, derzeit genau 82 mit 3700 Brüdern, die in diesen Logen organisiert sind. Einerseits ist die Großloge ein nicht unbeträchtlicher Wirtschaftsbetrieb. Er ist mit Sparsamkeit zu führen, trotzdem gilt es alle Dinge zu ermöglichen, die wir wollen, von kulturellen bis zu karitativen Tätigkeiten. Darüber hinaus ist der Großmeister die inhaltliche und rituell letzte Autorität im Land. Er hat für die Einheitlichkeit der Rituale zu sorgen, um Wildwuchs zu vermeiden. Viele unserer sehr selbstständig denkenden Mitglieder haben Interpretationsideen zu unserem Ritual, und wenn 3700 Einzelideen in ein Ritual einfließen, ist die Einheitlichkeit in der Tat nicht mehr gewährleistet. Also geht's darum, das zu kanalisieren, die guten Ideen durchdringen zu lassen, die weniger guten eher nicht.
Und es kommt noch ein weiterer Punkt dazu: Der Großmeister ist der Einzige, der in der Öffentlichkeit bekannt und berufen ist, über die Freimaurerei zu sprechen. Die Kommunikation mit der Öffentlichkeit, mit Medien, mit Außenstehenden, erfolgt ausschließlich über den Großmeister. Zum Beispiel mit Ihnen ...

HAIDINGER: Was so allerdings nicht immer eingehalten wird, weil es einzelne Freimaurer gibt, die sich outen und damit an die Öffentlichkeit gehen.

SEMLER: Man muss sich dabei immer nach den Motiven fragen. In Wahrheit outen sich manche Brüder ohne Not als Freimaurer, weil sie für sich daraus einen Mehrwert ziehen wollen. Dieser Mehrwert ist die starke Marke, die moralisch integre Karte, sodass manchmal gerade solche Brüder in Versuchung sind, sich zu outen, die selbst eine moralisch fragwürdige Figur in der Öffentlichkeit abgeben und ihren Ruf über diese starke Marke stabilisieren wollen; oder die sich generell durch den Hinweis, dass sie Freimaurer sind, selber aufwerten wollen.

HAIDINGER: Hin und wieder gab's auch in Österreich regelrechte Skandale, in die Freimaurer verwickelt waren, die die Freimaurerei für dubiose Geschäfte genützt haben. Welche Instanz ist bei Ihnen für solche Fälle zuständig?

SEMLER: Das lehnen wir konsequent ab! Die Aufgabe des Großmeisters und seiner Justiziare, die ihm zur Seite gestellt sind, ist, dass man solche faulen Äpfel möglichst rasch entfernt, weil unseren Prinzipien alles zuwiderläuft, was ins Kriminal führt. Natürlich können Menschen, die sich in der Freimaurerei kennengelernt haben, auch gemeinsam eine kriminelle Energie entwickeln. Das ist nie auszuschließen. Die hätten sie allerdings auch entwickelt, wenn sie in einem Ruderverein wären; da käme aber niemand auf die Idee, die Ruderer generell in Misskredit zu bringen. Bei Freimaurern ist das etwas anders, wir werden von der Öffentlichkeit kritischer beobachtet und müssen umso vorsichtiger sein. In der Tat sind unsere Prinzipien, unsere humanitären, karitativen, auf Selbstveredelung und Selbsterkenntnis ausgerichteten Gedanken keinesfalls mit irgendwelchen gesetzlichen Vorschriften in Österreich auf Kollisionskurs.

Die Luther-Bibel von 1534
Vollständiger Nachdruck
Biblia
das ist/ die
gantze Heilige Schrifft Deudsch.
Mart. Luth.
Wittemberg.
M. D. XXXIIII.

ERKENNTNIS STATT GLAUBE?

Da ich nicht glauben will, dass Einer Gott auf Erden war.
Ein Zweiter auf einem Erdenpferde in den Himmel ritt.
Ein Dritter unter einem Feigenbaume Wunder wirkte.
Ein Vierter mit Jehova sprach.
Weil ich einsehe, dass jede Offenbarung die andere totschlägt,
weil sie sie totschlagen muss unter Menschen.
Und da ich folgere, dass es noch andere Wahrheiten solcher Art gibt –
wenn auch simpler –
gleichgültig ob Marx, Freud, Himmler oder Skinner *(US-amerikanischer Psychologe, Anm.)* sie verkünden.
Und da ich trotzdem glaube, dass ich nicht nur ein Stück Fleisch bin
– zufällig und sinnlos –
weil ich liebe – weil mich die neunte Symphonie ergreifen kann –
oder eine Landschaft des Van Gogh –
und ich auch einsehe, dass ich mich nicht selbst gemacht habe –
so kann ich DORT darüber nachdenken.
Und auch andere finden, die das tun.
Doch keiner von diesen wird behaupten,
dass er die ganze Wahrheit wisse,
sonst hätte man ihn nicht eingelassen
in diesen Kreis von Denkenden.

Dieses Gedicht stammt vom langjährigen (1969–1975, 1991–2002) Großmeister der Großloge von Österreich Heinz Scheiderbauer, im „profanen" Leben Filmproduzent. Viele Freimaurer werden seinen Worten beipflichten. Ist aber sein weltanschauliches Bekenntnis für jeden Bruder bindend? Keineswegs! Denn auch Scheiderbauer – Großmeister hin oder her – war nur ein Glied der Kette. Was er hier von sich gab, war nicht mehr als seine persönliche Meinung. Die Freimaurerei erlegt keinem ihrer Mitglieder eine Einschränkung auf, Offenbarungsreligionen beziehungsweise anderen Lehren ähnlichen Charakters anzuhängen oder eben auch nicht. Im Kreis der Brüder haben allerdings persönliche religiöse Bekenntnisse keine Bedeutung, und schon gar nicht finden dort Bekehrungsversuche zu Religionen, Konfessionen, Ideologien oder Parteien statt.

Die spirituelle wie strukturelle Konkurrenz zwischen Religionen und Freimaurerei pflastert dennoch deren parallelen Weg in der Kulturgeschichte, und das ist nicht auf den prominenten Konflikt mit der römisch-katholischen Kirche beschränkt. In protestantisch dominierten Gebieten der USA gab es im 19. Jahrhundert eine Anti-Freimaurer-Partei, und das evangelisch geprägte völkische Ehepaar Erich und Mathilde Ludendorff zog in Deutschland in den 1920er- und 1930er-Jahren eine rabiate germanische Sekte an einer Verschwörungstheorie hoch, die Juden, Jesuiten und Freimaurer ins Zentrum alles Bösen rückte. Nicht nur Hitler, sondern auch Stalin griff das begierig auf, um Feindbilder zu schaffen, und noch heute spuken einschlägige Stereotype in manchen Köpfen herum.

Beherrschen die Freimaurer die Kunst, den von manchen so empfundenen Gegensatz von Glauben und Erkenntnis zu überwinden oder gar aufzulösen? Haben sie eine eigene Philosophie, die das zuwege bringt? Oder würde das erst recht wieder zu einer Konfrontation mit den Offenbarungsreligionen führen, welche die Freimaurerei offiziell gar nicht will? Hat sie den

Kult eines konfessionell definierten Gottes durch den Kult der Humanität ersetzt? Große philosophische Fragen an den Großmeister ...

HAIDINGER: Dass die Freimaurerei keine Religion ist – zumindest nicht in ihrem Selbstverständnis –, haben wir hinlänglich geklärt. Nun ist sie aber in den letzten etwas mehr als drei Jahrhunderten umgeben von einem Konzert aus Religionen, Philosophien und Zeitgeistern, von philosophischen, politischen und religiösen Strömungen. Die europäisch geprägte Welt hat vor 300 Jahren und bis ins 20. Jahrhundert hinein einen Bekenntnisdruck gekannt. Entweder zu einer Konfession, beziehungsweise war es auch ein Bekenntnis, wenn man sich ausdrücklich zu keiner bekannt und als areligiös definiert hat. Mag dieser Druck in unseren Breiten auch gewichen sein, so ist er doch in weiten Teilen der Welt nach wie vor wirksam. Wie fügt sich die Freimaurerei als Stimme in dieses Konzert der Philosophien ein? Und ist es nach wie vor so, dass sie ein wenig in Analogie zur alten Gnosis die Erkenntnis an die Stelle des Glaubens setzt und damit automatisch in den Gegensatz zu Heilslehren aller Art kommt?

SEMLER: Für die Antwort muss ich einen kurzen Ausflug in die Geschichte unternehmen. Was hat der Freimaurerei die Ablehnung durch die katholische Kirche beschert, das Missverständnis des Vatikans am Anfang des 18. Jahrhunderts, dass hier eine neue Modereligion auftaucht, der viele geistige Eliten und sogar gekrönte Häupter zusprechen? Man hatte Angst um das eigene Geschäftsmodell bekommen. Das hat schlussendlich zum Verbot der Freimaurerei durch die Kirche und kirchennahe Herrscher geführt, zu päpstlichen Bullen und zum Kirchenbann der Freimaurer.
Die grundsätzliche Erkenntnis besteht darin, dass die Freimaurerei nicht dogmatisch denkt. Das muss man zu Ende denken, und damit ist eigentlich inhaltlich schon fast alles beantwortet. Wir fühlen uns der Vernunft verpflichtet, nicht dem Glauben.

Glaube ist das Fürwahrhalten von Dingen trotz objektiver Unüberprüfbarkeit. Freimaurer hingegen wollen den Dingen auf den Grund gehen und wählen die Vernunft als ihren Führer. Die Vernunft führt schlussendlich zu einer Erkenntnis. Das sind Gedankengänge, die in sich valide sind, die einer mitunter naturwissenschaftlichen Überprüfung standhalten; das führt auch zur Wissenschaftsgläubigkeit der Freimaurerei ...

HAIDINGER: Also dann doch eine Art von Gläubigkeit?

SEMLER: Nun gut, der Begriff ist nicht ganz korrekt. Es ist eigentlich keine Gläubigkeit, sondern Vertrauen in die Wissenschaft.

HAIDINGER: Aber stimmt das wirklich? Gibt's nicht Freimaurer, die dermaßen esoterisch oder mystizistisch geprägt sind, dass sie nicht primär der Wissenschaft vertrauen?

SEMLER: Dann haben sie aber nicht ganz verstanden, worum es in der Freimaurerei geht.

HAIDINGER: Ja, aber es gab doch etliche Freimaurer, die in Richtung Rosenkreuzertum, Theosophie, Okkultismus abgebogen sind. Also ganz so klar ist das offenbar nicht für alle ...

SEMLER: Vielleicht ist es nicht für alle klar, aber es bleibt doch freimaurerischer Mainstream, dass die Vernunft und die Wissenschaft unsere Richtschnur sind, und eben nicht die Esoterik.
Natürlich kann der einzelne denkende Mensch auch in esoterische Richtungen abzweigen. Esoterik ist jedoch nicht der Kern des freimaurerischen Gedankengutes. Sie kann eine Ergänzung sein. Dabei gilt allerdings, dass Freimaurer Individuen sind und es keine dogmatische Heilslehre gibt, die

dem Einzelnen oktroyiert würde, aus der er sich nicht herausbewegen könnte.

HAIDINGER: Könnte man es so sagen: Unter den Freimaurern gibt es auch Menschen, die abgesehen von Bekenntnissen tatsächlich an Heilslehren glauben, in ihrer Eigenschaft als Freimaurer aber sagen: Nun gut, ich erkenne an, dass weite Teile der Welt der Menschen nicht meiner Heilslehre anhängen, und als Freimaurer arbeite ich mit denen zusammen. Nicht aber als Gläubiger, da bin ich in meiner Religionsgemeinschaft daheim?

SEMLER: Ja, das ist gut beschrieben. Die Freimaurerei akzeptiert alle Religionen gleichermaßen. Sie akzeptiert aber auch Agnostiker und Menschen, die keinem Glauben angehören. Einzig und allein der Glaube daran, dass ich mich nicht selbst erschaffen habe, dass es etwas Höheres, eine höhere Wesenheit gibt als den Menschen, dass der Mensch nicht das Maß aller Dinge ist und ich nicht das Maß aller Dinge, das ist von Freimaurern erwartet und verlangt. Diese höhere Wesenheit kann freilich auch der Schöpfungsplan der Erde sein, das muss nichts Religiöses sein. Es ist lediglich der Glaube daran, dass es etwas Größeres als den Menschen gibt.

HAIDINGER: Da muss ja das vergangene, das 20. Jahrhundert das Horrorjahrhundert für die Freimaurerei gewesen sein, wo so viele atheistische, militant materialistische Ideologien fröhliche Urständ gefeiert haben. Vom Kommunismus über den Nationalsozialismus bis zum Kapitalismus, der in seiner radikalen Ausformung nur Konsumenten und Produzenten kennt und keinerlei höhere Idee hat ...

SEMLER: Ja, und die höhere Idee fordert die Freimaurerei eben ein. Damit sind wir in unseren Gedanken gleichermaßen gegen den Kapitalismus und den Kommunismus eingestellt.

HAIDINGER: Also gegen den Kapitalismus heißt: in jener radikalen Ausformung, bei der es nicht um ein Wirtschaftsmodell, sondern um einen Lebensentwurf geht?

SEMLER: Genau. Das Wirtschaftsmodell steht nicht zur Diskussion, das ist auch gar nicht unser Thema. Ein freies Wirtschaftssystem ist mit dem Gedanken der Freiheit des Einzelnen natürlich sehr gut vereinbar. Aber jeglicher Radikalismus wird von uns abgelehnt, weil jede radikale Ideologie aus ihrer Natur heraus alle anderen Ideologien ausschließt und sie erschlagen will. Und wir treten dagegen auf, dass ein Gedanke den anderen erschlägt.

HAIDINGER: Welch letzteres ja dann meistens ins physische Erschlagen übergeht, sprich ins Töten von Gegnern.

SEMLER: Das sind dann die Auswüchse des Menschseins, mit denen wir große Not haben. Dass die Freimaurerei per se eine Gedankenwelt hat, die gegen Waffen und gegen Krieg gerichtet ist, bedarf, glaube ich, keiner gesonderten Erörterung.

HAIDINGER: Gut, aber ist das wirklich glaubwürdig, wenn man sich historische Beispiele ansieht? Chile im Jahr 1973: Der Freimaurer Augusto Pinochet stürzt den Freimaurer Salvador Allende und bringt ihn zum Selbstmord. Der besonders brutal geführte Texanische Unabhängigkeitskrieg der Jahre 1835/36: Zwei der Befehlshaber (Antonio López de Santa Anna für Mexiko und Sam Houston für Texas) sind Freimaurer. 1945: Der Präsident der Tschechoslowakischen Republik Edvard Beneš, ein Freimaurer, befeuert nach dem Ende der Nazi-Diktatur die Vertreibung der Deutschen aus Böhmen und Mähren und rührt keinen Finger, als neben anderen Sudetendeutschen auch deutschböhmische Freimaurer, also seine „Brüder“, von Tschechen ermordet werden. Und es gibt darüber hinaus noch so viele andere Beispiele. Sind das schwarze Schafe? Dann sind’s ziemlich viele.

SEMLER: Die Menschheit ist durchzogen von schwarzen Schafen, und wenn Sie sagen, es sind viele, ist das eine Frage der Einschätzung. Ich kenne auch andere Beispiele, wo sich Brüder als Angehörige verfeindeter Armeen gegenüberstanden, einander zu erkennen gaben und die Waffen sinken ließen.

HAIDINGER: Im Ersten Weltkrieg zum Beispiel ...

SEMLER: Im Ersten, auch im Zweiten Weltkrieg. Freimaurer zu werden und zu sein, heißt nicht, dass ich in jedem Bereich ein so viel besserer Mensch bin als alle anderen. Bei manchen fruchtet es eben nicht, vielleicht sind sie auch nicht tief genug eingetaucht, haben sich gar nicht eingelassen auf die Gedankengebäude der Freimaurerei, haben sie nicht an sich herangelassen und haben dann in ihrem Machtstreben und in ihrem täglichen Strudel, in dem sie gefangen sind, manche Prinzipien vergessen, denen sie sich einmal verpflichtet hatten.

HAIDINGER: In meiner Schürfarbeit in der Genealogie der Geister der Freimaurerei bin ich in der Sekundärliteratur auf die These gestoßen, dass die Freimaurerei eigentlich keine Tochter der Aufklärung, sondern bereits eine Tochter der Reformation sei. Und in der Tat fällt auf, dass sich evangelische Länder mit der Freimaurerei leichter tun als katholische. Liegt das vielleicht auch an den strukturellen Gemeinsamkeiten mit presbyterianischen Prinzipien, mit der Wählbarkeit von Ämtern und damit einem anderen Zugang zum Leben als in hierarchischer geprägten, katholischen Gegenden?

SEMLER: Ich glaube nicht, dass die Freimaurerei dem evangelischen Glauben grundsätzlich näher steht als dem katholischen oder welchem Glauben auch immer. Das Missverständnis, das die katholische Kirche mit der Freimaurerei seit deren Anfängen hatte, hat jahrhundertelang nachgewirkt, weil natürlich nichts mehr zusammenschweißt als ein Feind, den man irgendwo da draußen definiert und den es zu bekämpfen gilt.

Lange hat's gedauert, mittlerweile gibt es eine Dissertation des römisch-katholischen Geistlichen Michael Heinrich Weninger, der an der päpstlichen Universität promoviert wurde und anhand historischer Dokumente dieses Missverständnis deutlich macht. Veröffentlicht wurde sie im Jahr 2019 als Buch unter dem Titel *Weisheit.Stärke.Schönheit – Über die Aussöhnung von katholischer Kirche und regulärer Freimaurerei.* Nach langwierigen Bemühungen kann man heute davon ausgehen, dass das gegenseitige Verhältnis völlig entkrampft ist.

Dass einzelne, sehr radikale Kreise in der katholischen Kirche dieses Feindbild noch immer gerne aufrechterhalten wollen, ändert nichts mehr an der Lebensrealität.

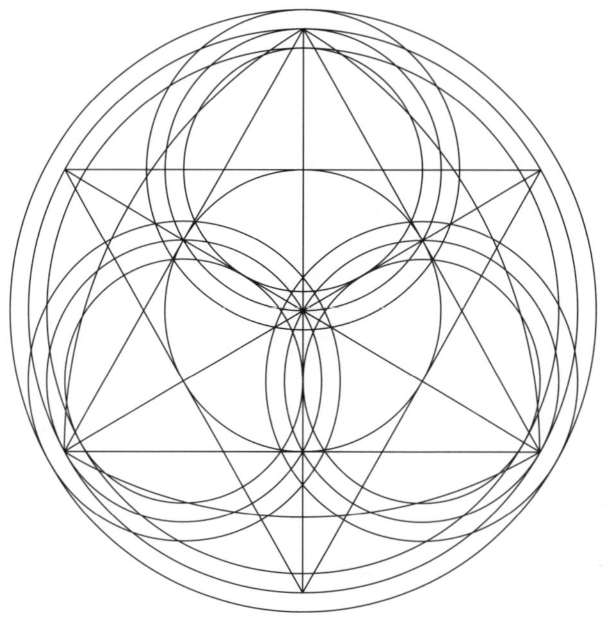

RESP. Y CENTENARIA
LOGIA
MASONICA "HONOR"
FUNDADA 24 DE AB
1902
SESION: MIERCO
S 8 P.M.

DER WELTENBUND

Ein wichtiges Element der Freimaurerei ist ihre internationale Ausrichtung. Das zeichnet sie einerseits bei Kosmopoliten aus, macht sie aber auch für viele Skeptiker suspekt, scheint die globale Vernetzung doch die Verdächtigung der Weltverschwörung zu bestätigen. Wer indes näher hinsieht, bemerkt große Unterschiede zwischen den Freimaurereien verschiedener Länder und Kontinente. Die Sitten und Gebräuche sind schon von außen betrachtet unterschiedlich.

In den USA treten Logen bei folkloristischen Umzügen offen in voller Montur auf und sind prächtig anzusehen. Im Vereinigten Königreich gehören sie zum fixen Inventar des bürgerlichen und aristokratischen Vereinslebens, ohne das die zivilgesellschaftliche „Charity" um einiges ärmer wäre. In Skandinavien sind Könige, in England immerhin Herzöge als Großmeister bekannt. In Norddeutschland tragen Freimaurer Zylinder, und in einigen Gegenden der USA bemerkenswerte krempenlose Mützen wie Laurel und Hardy als „Wüstensöhne", in Österreich arbeiten sie barhäuptig.

In Deutschland veranstalten sie Tage der offenen Tür, in Kuba werden sie von den Agenten der kommunistischen Regierungsdiktatur genau überwacht, in Österreich sind sie dagegen so diskret, dass sie weder Außenstehenden Zutritt zu ihren Häusern gewähren, noch ihre Mitgliederlisten (bis auf den Vereinsvorstand) offenlegen.

Mal treten sie in prächtigen Schurzen und mit Bijoux, also Logenabzeichen an Ordensbändern, auf, anderswo nur mit einer diskreteren „Pearl", einem Abzeichen am Aufschlag des Sakkos. In einigen Ländern pflegen sie den Gesang, in anderen beschränken sie sich auf das gesprochene Wort. Im angelsächsischen Raum sprechen sie Gebete und singen Hymnen, was beispielweise den Brüdern in romanischen Ländern nicht einfallen würde. Sie tagen in alten Schlössern, modernen Stahlbetonbauten und sogar auf Flugzeugträgern.

Sind die Ziele und Inhalte der „Königlichen Kunst" womöglich ebenso vielfältig wie ihr Erscheinungsbild? Eine zentrale Kommandozentrale gibt es jedenfalls nicht. In einigen ihrer althergebrachten Kernländer wie Großbritannien und den USA scheint die Freimaurerei heute zu stagnieren. Oft fehlt es an Nachwuchs. Gehört sie dort zum alten Eisen und hat womöglich die gleichen Probleme wie die überkommenen Kirchen und andere Bekenntnisgemeinschaften, etwa traditionelle Parteien? Wo sie Alternativen zum vermeintlich Alten, Abgenutzten, Abgestandenen verspricht, wie zum Beispiel in Österreich oder in Teilen Osteuropas, floriert sie hingegen. Was verbindet alle diese so unterschiedlichen Brüder?

HAIDINGER: Georg Semler, Sie haben als Großmeister mit sehr vielen anderen Großmeistern aus aller Welt zu tun. Was berichten die von ihren Erfahrungen? Gibt's da einen Gedankenaustausch?

SEMLER: Es gibt den Gedankenaustausch. Wir akzeptieren einander in unserer Unterschiedlichkeit. Jede Großloge lebt in den politischen und ge-

sellschaftlichen Gegebenheiten des Landes, in dem sie tätig ist. Ich werde derzeit (2023) öfter gefragt, wie der Umgang mit der Großloge von Russland ist und wie die Freimaurer dort zu den aktuellen kriegerischen Auseinandersetzungen stehen. Da kann ich nur antworten, dass die russischen Freimaurer ziemlich tief auf Tauchstation sind, denn wenn sie in Opposition zu dem radikal politischen Kurs im eigenen Land gingen, würden sie wahrscheinlich einfach an die Wand gestellt werden, erschossen und aufgelöst. Also müssen sie sich, wenn sie überleben wollen, im Moment eher ruhig verhalten und in den Untergrund gehen, auch wenn sie immer noch ein Teil der Zivilgesellschaft sind. Seinen Mut mit dem Leben zu bezahlen, ist von niemandem zu erwarten. Noch dazu wäre dieser Weg nicht erfolgreich.
Ähnlich, freilich mit einer anderen Konnotation, findet das in der Ukraine statt, wo die Freimaurer einen wesentlichen Beitrag dazu leisten, dass Kriegsverfolgte flüchten können. Auch die internationale freimaurerische Organisation hilft mit, dass Kriegsvertriebenen Quartier gegeben wird, dass sie aufgenommen und medizinisch versorgt werden und so weiter … Also das sind schon starke karitative Anliegen.

HAIDINGER: Und die spirituellen Unterschiede …?

SEMLER: Im Norden Europas ist die Freimaurerei sehr viel religiöser als im Süden. Man hält es hierzulande gar nicht für möglich, aber der Schwedische Ritus, der in den nordischen Staaten ausgeprägt ist, ist so religiös-protestantisch angehaucht, dass sie dort sogar Schwierigkeiten hatten – um aus der Schule zu plaudern –, römisch-katholische Mitglieder aufzunehmen. Mittlerweile ist aber auch das längst überwunden …

HAIDINGER: Da sind wir schon mitten bei der Frage nach der weltumspannenden Brüderlichkeit in großer Vielfalt. Gibt's eine Liste von Anerkannten, die einander aber nicht unbedingt immer ähnlich sind? Was ist denn der entscheidende Punkt, der alle von der Vereinigten Großloge von London Anerkannten verbindet?

SEMLER: Man muss zwei Begriffe auseinanderhalten. Der erste Begriff ist die „Regularität" von Großlogen. Dafür gibt es Regularitätskriterien: Sie müssen eine höhere Wesenheit anerkennen, und – um etwas Unpopuläres zu sagen – als Männerbund organisiert sein. Es sind die alten „Basic Principles" einzuhalten. Das ist ein objektives Kriterium dafür, ob eine Großloge regulär ist. Außerdem muss sie von zwei anderen regulären Großlogen oder von drei regulären Logen in diesem Land gegründet worden sein.
Ob nun eine reguläre Großloge mit einer anderen regulären Großloge in nähere Beziehung treten will, bezeichnet den zweiten Begriff, die sogenannte Anerkennung. Das erfolgt wie im staatlichen Recht, wo sich zwei Staaten wechselseitig anerkennen, Botschafter austauschen und verkünden: Jetzt respektieren wir einander als selbstständige Staaten – so erfolgt das auch zwischen Großlogen.
Der internationale Verbund ist natürlich in der Globalisierung, die wir alle erleben, viel stärker geworden, die Reiseentfernungen werden kürzer. Durch E-Mail und andere moderne Kommunikationsmethoden rücken die Kontinente näher zusammen. Man kann heute sagen, dass bis auf einige ehemalige Sowjetrepubliken in allen Ländern der Erde mit den beiden großen Ausnahmen Nordkorea und Vatikanstadt Großlogen etabliert sind. Es sind an die 200 weltweit. In den USA, weil das Land groß genug ist, hat jeder Bundesstaat eine eigene Großloge, das fettet die Zahl auf. In Brasilien gibt es, weil ebenfalls riesig, 20 nebeneinander bestehende Großlogen für die einzelnen Regionen, da die Entfernungen so groß sind, dass man das kaum mehr als Einheit handeln kann.
Natürlich gibt es internationale Treffen; eines ist aber ganz wichtig zu sagen: Es existiert nichts, was mit der UNO vergleichbar wäre, kein interna-

tionales Beschlussgremium, das irgendeine Großloge binden könnte. Es sind informelle Treffen, bei denen Themen erörtert werden, aber die letzte und einzige Autorität in einem Land ist die Großloge selbst. Keine Großloge kann einer anderen etwas oktroyieren.
Selbstverständlich gibt es so etwas wie eine Schattierung der Wichtigkeiten. Dass die United Grand Lodge of England, die 1717 aus den Großlogen von London und Westminster entstanden ist, ein Referenzpunkt für alle anderen Logen ist, ergibt sich daraus, dass sie die älteste ist. Das Alter ist wichtig im Konzert aller Großlogen; die ältere ist immer vorrangig, wenn man so will. Das bedeutet aber nichts anderes wie unter Menschen, wo der Ältere dem Jüngeren das Duwort anträgt und nicht umgekehrt.

HAIDINGER: Die Großloge von Österreich hat eine hohe Anciennität. Wo stehen Sie da im Ranking?

SEMLER: Wir führen das Gründungsdatum 1784, jenes der Großen Landesloge von Österreich. Mit dieser ersten Großloge sind wir in Europa nach England, Schottland, Irland, den Niederlanden und Schweden die Nummer 6. International gesehen kommt dazwischen unter anderem New York. Wir sind international betrachtet auf Platz zehn und demnach die zehntälteste Großloge der Welt.

HAIDINGER: Was sich wie auswirkt?

SEMLER: Als die Vereinigte Großloge von England 2017 das 300-Jahr-Jubiläum gefeiert hat und alle Großmeister weltweit zusammengekommen sind, ging die Reihenfolge der Prozession, wie es so schön heißt, nach dem Alter der Großlogen. Je älter eine Großloge war, desto später betrat sie den Arbeitsraum. Damals hatte ich das Vergnügen, das ganze Wochenende neben dem New Yorker Großmeister, also der Nummer 9, zu verbringen.

HAIDINGER: Nicht einberechnet wird dabei allerdings, dass die österreichische Freimaurerei zehn Jahre nach der Gründung der Großen Landesloge schon wieder verboten war und erst 1918 legal wieder begonnen hat. Das spielt bei der Anciennität keine Rolle?

SEMLER: Nein. Es wird die älteste Gründung herangezogen, weil die Freimaurerei in Österreich nicht erloschen, sondern 1794 nur in Dunkelheit gefallen ist. Sie hat weiter bestanden und im Untergrund weiter existiert, konnte aber formell nicht arbeiten. Das haben wir der Kirchentreue unserer Habsburger zu verdanken.
Die Entlastung kam für Österreich 1867 durch den Ausgleich mit Ungarn. Ungarn bekam ein liberales Vereinsgesetz, daher konnten Freimaurerlogen wieder ganz formell gegründet werden und arbeiten. Im Kernland Österreich waren sie immer noch verboten, also sind die Wiener Freimaurer immer mit der Eisenbahn nach Pressburg (Bratislava) oder Ödenburg (Sopron) gefahren und haben sich dort einmal im Monat zur Arbeit getroffen.

HAIDINGER: Kommen wir wieder in die Gegenwart. Sie haben das Wort „global" schon ausgesprochen. Manche Menschen, die antiglobalistisch eingestellt sind, attackieren die Freimaurerei als eine Kraft, die angeblich globalistisch ist und dazu beiträgt, dass die einzelnen Völker und Nationen sabotiert werden oder zumindest an Einfluss verlieren ...

SEMLER: Die Freimaurerei ist nicht globalistisch, aber sie ist international eingestellt. Das hat historische Wurzeln. Innerhalb der Steinmetzzünfte des Mittelalters, von denen wir uns zumindest formell ableiten, sind die Steinmetze von Ort zu Ort, von Land zu Land gezogen, um Kathedralen zu errichten. Sie waren immer als Reisende unterwegs und haben ihr Wissen für sich behalten. Sie haben Kathedralen gebaut, einmal in Norditalien, einmal in Österreich, einmal in Deutschland, einmal in Ungarn, einmal in

Frankreich, wo auch immer, und waren daher immer grundsätzlich international orientiert.
Diese Internationalität hat die Freimaurerei in ihrer DNA. Darum treffen wir uns immer wieder. Bei allen Unterschiedlichkeiten der Ausformungen ist das wirklich Schöne und Interessante, dass man an freimaurerischen Ritualen in irgendeinem anderen Land teilnehmen kann, wo man kein Wort der Landessprache versteht, weil die Rituale immer denselben Inhalt haben und in Wahrheit leicht verändert die gleichen rituellen Handlungen begangen werden. Es ist faszinierend, dass man dem genau folgen kann, selbst wenn man kein Wort versteht.

HAIDINGER: Also nicht das Gleiche, aber dasselbe.

SEMLER: Genau.

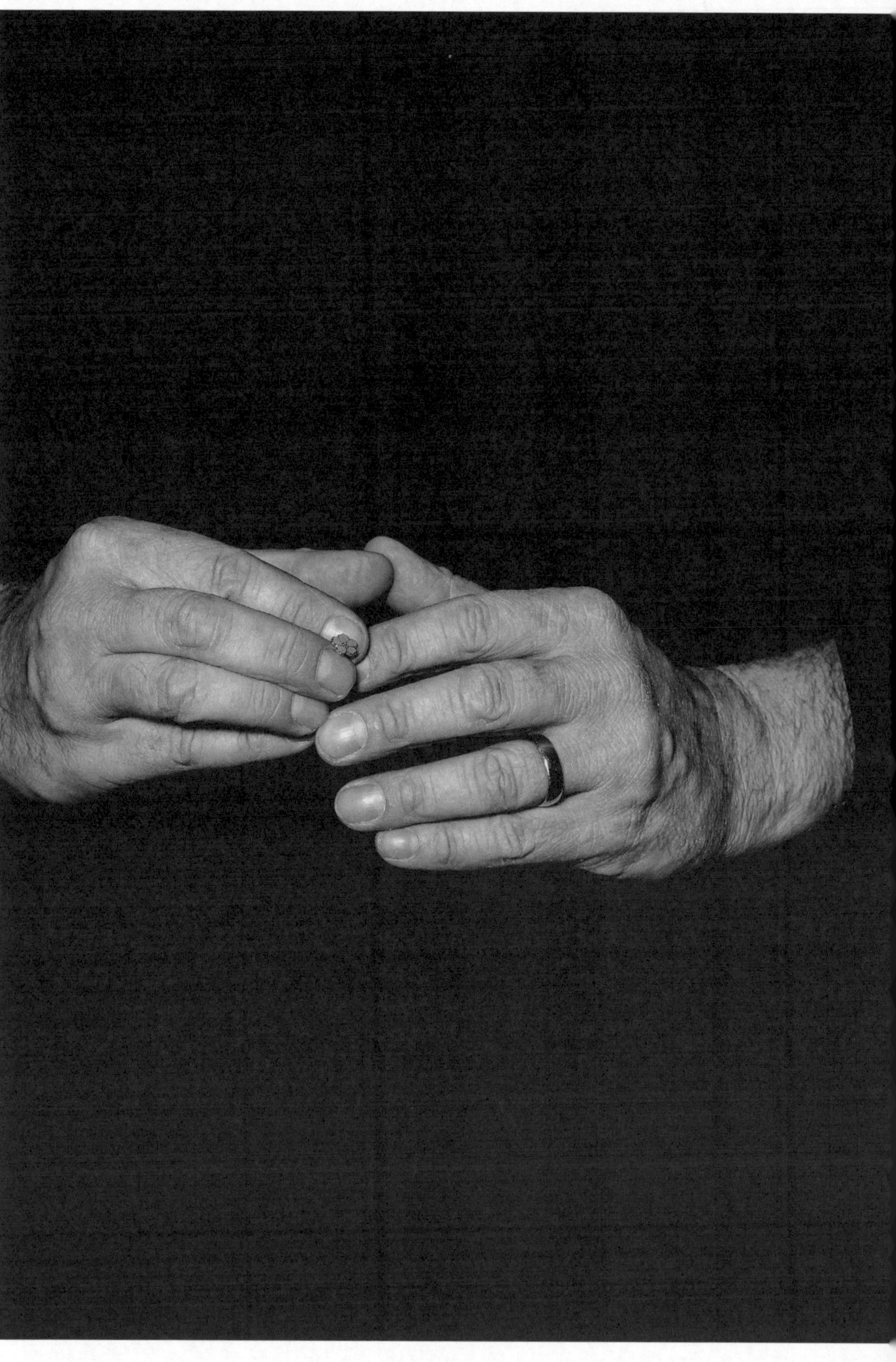

HOCHGRADE: MYTHOS UND REALITÄT

„Da der Kaiser hochgradiger Freimaurer war, den Juden die Bürgerrechte gab, hielt ihn das erzkatholische Volk für einen heimlichen Lutheraner." Also schrieb der bayerische Historiker und Romanautor Otto Zierer im Österreich-Band seiner Buchreihe *Kleine Geschichte großer Nationen* 1976 über Kaiser Joseph II. und seine Reformen. Zierer (1909–1983) fabulierte gern und viel, seine durchaus spannenden Bücher erreichten Auflagen in zweistelliger Millionenhöhe. Dabei transportierte er so wie viele andere Autoren manch volkstümliche Irrtümer, etwa auch jenen von Joseph II. als „Hochgrad-Freimaurer" – eine Fehlinformation, die das ehemalige NSDAP-Mitglied Zierer vielleicht in der Zeit des Dritten Reichs aufgeschnappt hatte. Denn der Kaiser war, anders als sein Vater Franz I. Stephan, nicht Mitglied des Bundes (genauso wenig wie er Lutheraner war) und ließ die Freimaurerei in den österreichischen Ländern nur unter strengen Auflagen und strikter Überwachung durch den Staat zu. Mithin setzten sich solche Bilder in den Hirnen ganzer Generationen von Lesern fest und ließen den Eindruck einer „Hochgrad-Freimaurerei" entstehen, die nicht nur über dem armen Volk, sondern sogar über den angeblich ahnungslosen „niederen Freimaurern" thront und die Spitze der Weltverschwörung bildet – eine sinistre Runde mächtiger alter Männer.

Ist die Freimaurerei durch ihre Geheimnistuerei nicht selbst zumindest mitverantwortlich dafür, dass man hier argwöhnisch wird? Was ist überhaupt ein Hochgrad? Und was ist tatsächlich dran am Schottischen Ritus, dem Royal Arch, dem York Ritus oder wie die Hochgrad-Systeme sonst alle heißen mögen? Georg Semler, übernehmen Sie ...

HAIDINGER: Wenn man im Internet oder auch in der konventionellen Verschwörungsliteratur über jemanden liest, dass er „Hochgrad-Freimaurer" ist, dann impliziert diese Zuschreibung, dass er als Chef über den „normalen" Freimaurern steht. „Hoch" sagt in der deutschen Sprache automatisch aus, dass es sich dabei um die wirklichen Bosse der Bosse handelt, und daraus resultiert auch der nicht zuletzt von antimasonischen Autoren wie dem Ehepaar Ludendorff vor etwas mehr als 100 Jahren gezogene Schluss, dass es eine innere Verschwörung gebe, dass also quasi das Fußvolk der Freimaurerei von den Hochgraden angeleitet würde ...

SEMLER: Es ist von der deutschen Sprache her verständlich, dass die Vorsilbe „hoch" eine Zuschreibung vornimmt, hier ginge etwas über das Normale hinaus. Dem Ganzen liegt jedoch ein Übersetzungsfehler aus dem Englischen zugrunde. Dort heißt es nicht „high degrees", sondern „side degrees", also Seitengrade. Und wenn ich etwas als Seitengrad bezeichne, kommt das der Wahrheit schon viel näher, es ist nämlich eine Verästelung der Freimaurerei, aber keine Überordnung der Freimaurerei.
Was heißt Verästelung? Brüder, die eine besondere Liebe zum Ritual hegen, gesteigertes Interesse an historischen Themen haben und dergleichen mehr, treffen sich außerhalb ihrer Loge zu einem zweiten Meeting im Monat oder in der Woche, um mit Gleichgesinnten eine Vertiefung der Ritualistik, des freimaurischen Wissens zu erreichen. Das hat nichts mit einer Überordnung oder einem Machtanspruch zu tun, es ist reine Wissensvertiefung! Erfahrungsgemäß sammeln sich in Hochgrad-Logen

eher ältere Brüder, für die die Freimaurerei eine noch stärkere Funktion in ihrem sozialen Leben hat als für junge, viel beschäftigte Brüder. Junge Freimaurer, die gerade eine Familie gegründet, die kleine Kinder zu Hause haben, werden sich relativ schwertun, noch einen zweiten Abend von zu Hause fernzubleiben; sie sind meistens beruflich und familiär gefordert. Für Ältere, die in einem völlig anderen Lebensabschnitt sind, hat Hochgrad-Freimaurerei auch einen gesellschaftlichen Aspekt.

HAIDINGER: Offensichtlich gibt's auch andere Symbole, eine andere Farbsymbolik – das fällt zumindest bei den Illustrationen auf, die man so sieht.

SEMLER: Die Kennfarbe oder Signalfarbe der Hochgrade ist Rot beziehungsweise Grün. Die Johannismaurerei, die die ersten drei Grade (Lehrling, Geselle, Meister) bearbeitet, hat Blau als Farbe.

HAIDINGER: Das klingt alles sehr harmlos, trotzdem hält sich hartnäckig der Mythos, dass die Hochgrade alles bestimmen, was innerhalb und außerhalb der Maurerei vorgeht.

SEMLER: Hochgrad-Freimaurer ist jeder, der über die ersten drei Grade, die die Johannismaurerei bearbeitet, hinaus geht, also vierter, fünfter oder noch höhere Grade. Die Grade sind aber kein pyramidaler Stufenbau, sondern Erkenntnisstufen, die mit Ritualtiefe, aber nichts mit Machtanspruch oder einem höheren Allgemeinwissen zu tun haben. Es ist vertieftes Wissen in rituellen Zusammenhängen. Entgegen der Zuschreibung von außen sind Hochgrade in keiner Weise etwas Übergeordnetes.

HAIDINGER: Nun gibt es aber gezeichnete Illustrationen aus dem 19. und 20. Jahrhundert, die „Steps of Free Masonry“ auf denen dargestellt ist, wie ein Freimaurer unten an den drei Stufen beginnt und dann sehr wohl an einer Pyramide immer höher steigt bis zum 33. Grad – was immer das sein soll ... Das ist jedoch nicht von Gegnern, sondern von Freimaurer-Seite so gezeichnet worden. Ist da das Missverständnis nicht miteinberechnet?

SEMLER: Offensichtlich schürt das ein Missverständnis, und offenbar neigen auch manchmal ältere Brüder, die in Hochgraden tätig sind, dazu, ihre Beschäftigung und ihre persönliche Wichtigkeit höher zu werten als die anderer. Klar ist eines: Großlogen sind völlig autonome und souveräne Gebilde. Die höchste und letzte Autorität der Freimaurerei über alle Hochgrade hinweg ist der gewählte Großmeister, der von der Kette in „Blau", also der Johannismaurerei, gewählt ist. Er genehmigt oder verbietet die Beschäftigung mit Hochgrad-Systemen. Ich glaube, das rückt es jetzt zurecht.

HAIDINGER: Welche Hochgrade gibt es denn? Dürfen Sie darüber sprechen?

SEMLER: Es gibt verschiedene Hochgrad-Systeme, die historisch oder auch geografisch unterschiedliche Wurzeln haben. Jene, die von Amerika, oder solche, die von England aus den Weg um die Welt gefunden haben. Zusätzlich gibt es welche, die von Frankreich ausgehen – die Rivalität zwischen England und Frankreich drückt sich auch hierin aus. Und dann ist da noch ein Hochgrad-System, das vor allem in der Schweiz und den Beneluxstaaten etabliert ist.
In Österreich hat die Großloge einen sehr liberalen Zugang dazu. Hochgrade, die sich zu bestimmten Verhaltensweisen gegenüber der Großloge verpflichten, insbesondere ihre letzte Autorität anzuerkennen, können hierzulande ihre Beschäftigung entfalten.
Global kann man davon ausgehen, dass es etwa 100 freimaurerische Systeme gibt. Zehn davon werden weltweit bearbeitet. Für jemanden, der

weiter in der Geschichte forschen oder etwas Neues machen will, ist da noch sehr viel Experimentierfeld vorhanden.

HAIDINGER: Begriffe, die herumschwirren, sind der Schottische Ritus oder der Königliche Bogen. Kann man das irgendwie einordnen?

SEMLER: Das sind Begriffe zu verschiedenen Erkenntnisstufen in verschiedenen Hochgrad-Systemen. Das weitergehend einzuordnen, wäre hier zu aufwendig. Eines haben die Hochgrad-Systeme schon zu eigen, nämlich dass man sich als Freimaurer üblicherweise für eines entscheiden muss. Untereinander sind sie nicht sehr durchlässig.

HAIDINGER: Ich frage jetzt trotzdem einmal blauäugig, da es die Fantasie der Menschen anregt: Was zum Beispiel ist das Schottische am Schottischen Ritus? Warum heißt er so?

SEMLER: Der Schottische Ritus kommt nicht aus Schottland, sondern aus Frankreich. Das ist schon einmal ein wichtiger Hinweis, wie leicht man in der Freimaurerei in die Irre gerät, wenn einem das Basiswissen fehlt. Es gibt die eher demokratisch organisierten Hochgrade und dann solche, die als Orden aufgebaut sind, also in sich eine sehr klare Hierarchie haben. Das ist ein sehr weites Feld, das jenen Freimaurern, die sich in ihrer Beschäftigung vertiefen wollen, zur Verfügung steht. Aber noch einmal: Alle diese Systeme werden von der Großloge von Österreich genehmigt und eingesetzt, und diese ist die einzige und letzte Autorität. Wobei die Großloge sich nicht in rituelle Belange dieser einzelnen Systeme einmischt. Von einer Machtstruktur zu sprechen, ist völlig verfehlt.

HAIDINGER: Das heißt, man kann sich im Notfall bei Ihnen beschweren, wenn die Hochgrade irgendetwas machen, was man nicht will, aber Sie werden dann sagen: Na ja, da kann man nichts tun. Wir haben sie zwar anerkannt, aber wir können uns nicht einmischen.

SEMLER: Das ist in einem Konkordat festgelegt, einem Vertrag, wie wir ihn zwischen Staat und Kirche kennen. So gibt es auch Verträge zwischen der Großloge und Hochgrad-Systemen, in denen die wechselseitigen Rechte und Pflichten genau geregelt sind. Unter anderem ist sehr strikt geregelt, dass einzelne Hochgrad-Systeme die Autorität des Großmeisters anzuerkennen haben, da er als Einziger für die Freimaurerei in der Öffentlichkeit, aus unserer Sicht der sogenannten „Profanei", Erklärungen abgeben und sprechen kann.

HAIDINGER: Hin und wieder ist in der Öffentlichkeit der Vorhang ein Stückchen beiseitegezogen worden. Es gab in Österreich einmal vor Jahren einen Gerichtsprozess, bei dem ein offenbarer Hochgrad-Freimaurer, der in einer schatzmeisterlichen Funktion tätig war, irgendetwas veruntreut hatte und darlegen musste, wofür er das ausgegeben hat. Und da kamen Utensilien wie Kutten und alle möglichen Totenköpfe ans Licht. Das alles wurde vor Gericht breitgetreten. Haben Sie Verständnis dafür, dass es die Öffentlichkeit argwöhnisch macht, wenn Männer, die doch was darstellen in der Gesellschaft, die zumindest in Berufen und in Stellungen mit Verantwortung sind, vor Gericht peinlich erzählen müssen, welche Utensilien sie verwenden?

SEMLER: Utensilien dienen der besseren Veranschaulichung einer theatralischen Inszenierung, die das Ziel hat, Erkenntnisse und Lehren zu verdeutlichen. Man muss sich das wie beim Theater vorstellen: Da stirbt der Held auch nicht durch das Schwert des Bösewichts, sondern es wird nur angedeutet, aber trotzdem hat der dann ein Plastikschwert ohne scharfe Klinge in der Hand. In diesen Kontext würde ich das auch dort setzen.

HAIDINGER: Es ist also Bestandteil des Welttheaters, das die Freimaurerei ja auch ist, wenn ich das richtig verstanden habe?

SEMLER: Ja, ich würde aber nicht von Welttheater, sondern von theaterähnlichen Inszenierungen sprechen, auf die wir zur Verdeutlichung und Veranschaulichung von Erkenntnissen und Lehren zurückgreifen, auf Stilmittel, die die Menschen besser erreichen als ein bloß vorgelesener Text.

HAIDINGER: Ich habe im *Freimaurer-Wiki* im Internet gelesen, dass es bei verschiedenen Hochgrad-Systemen Grade gibt, die gar nicht bearbeitet werden, also nur symbolisch vorhanden sind und übersprungen werden. Wozu gibt es die dann, und was steckt dahinter?

SEMLER: Da geht es nicht um einen Ersatz für etwas, das ausgelassen wird, sondern um etwas, das manchmal ganz absichtlich nicht bearbeitet wird, um die Bedeutung dieses Grades zu unterstreichen. Grade, die nicht bearbeitet werden, wie es so schön heißt, werden theatralisch nicht in Szene gesetzt.
Das kann rein praktische Ursachen haben. Etwa, dass es zu kompliziert wäre. Oder es kann auch inhaltliche Gründe haben, dass man sagt: Für diese Erkenntnis, die man vermitteln will, für dieses Wissen ist das gesprochene Wort oder der zu lesende Text besser geeignet als die theatralische Inszenierung, und dann kommt es zu der Formulierung: „Der Grad wird nicht bearbeitet", sondern nur gelesen.

HAIDINGER: Das heißt, es wird nicht bewusst etwas weggelassen, was vielleicht falsch verstanden werden könnte? Es ging einmal das Gerücht um, dass es in den diversen Hochgraden den einen oder anderen Grad gäbe, der für Christen doch sehr problematisch sei, und der würde dann ausgelassen. Hat das irgendeinen Bezug zur Realität?

SEMLER: Ich glaube, es gibt keine Bereiche, die für Angehörige einzelner Religionen problematisch sind, sondern die Freimaurerei wird in ihrer geografischen Verbreitung über Jahrhunderte unterschiedlich interpretiert. So ist die Freimaurerei in Nordeuropa – Stichwort Schwedischer Ritus – ein System, das eben nicht beim dritten Grad in der Großloge endet, sondern weitere Erkenntnisstufen dranhängt und von den Inhalten und den Lehren eine sehr christliche Aufladung hat. Etwas, das bei einem österreichischen Freimaurer, der gewohnt ist, dass wir in einem säkularisierten Land leben und die Freimaurerei Distanz zu allen Religionen nicht nur als Prinzip hat, sondern auch lebt, zu manchen Irritationen führt. Denn in unseren Logen sind Angehörige aller Religionen versammelt und finden dort einen friedlichen Diskurs, weil eben nicht über Religion diskutiert wird.

HAIDINGER: Kann jeder Freimaurer Angehöriger eines Hochgrad-Systems werden?

SEMLER: Grundsätzlich ja. Er muss einmal die ersten drei Stufen der Johannismaurerei absolviert, also den Meistergrad erlangt haben. Dann verlangen die meisten Hochgrad-Systeme noch eine etwa dreijährige Praxis als Meister, und danach kann er sich bewerben. Das Hochgrad-System entscheidet, genauso wie eine Loge ursprünglich schon mal über eine Aufnahme entschieden hat, ob man den Bruder dort haben will oder nicht.

HAIDINGER: Es könnte also heißen: Du hast dich in den blauen Graden nicht bewährt, daher wollen wir dich nicht.

SEMLER: Nein, solche Fälle sind mir nicht bekannt.

HAIDINGER: Dann gibt's noch das Schlagwort von der „inneren Deckung“, dass also Angehörige von Hochgraden nicht gerne in ihren Johannislogen darüber sprechen oder sprechen sollten, was sie da „oben" oder „auf der Seite" tun.

SEMLER: Grundsätzlich ist jeder Freimaurer aufgerufen, Informationen nur auf eigenes Risiko weiterzugeben. Das betrifft seine Mitgliedschaft bei einer blauen Loge, aber auch seine Mitgliedschaft bei einem Hochgrad. Wenn er darüber nicht sprechen will, kann ihn keiner dazu zwingen.
Das erwähnte Phänomen einer „inneren Deckung", also dass Angehörige von Hochgrad-Systemen nicht wollen, dass man weiß, dass sie diesem System angehören, ist eine persönliche Vorliebe und eher in der Geschichte wiederzufinden. In den letzten Jahrzehnten gibt es das nicht mehr. In allen Konkordaten ist ausdrücklich die Freiheit vorgesehen, darüber zu sprechen. Im Wiener Logenhaus, wo nahezu alle Systeme arbeiten, herrscht Platzmangel. An einem Wochentag benützt der eine Hochgrad die größeren Veranstaltungsräumen und eine Woche später der andere. Daraus ergibt sich eine Trennung der Hochgrad-Systeme, die aber rein organisatorischer Natur ist.
Und, am Rande bemerkt: Die beiden etabliertesten Hochgrad-Systeme haben ihre Türen weit aufgemacht. Seit einigen Jahren ist es gang und gäbe, dass diese beiden großen Systeme einmal im Jahr eine gemeinsame Festarbeit abhalten. Damit ist von innerer Deckung naturgemäß keine Rede mehr.

HAIDINGER: Sie haben davon gesprochen, wie viele freimaurerische Systeme es gibt und welche weltweit bearbeitet werden. Kommen denn neue Hochgrade dazu – wenn wir jetzt Österreich betrachten oder meinetwegen auch ganz Europa?

SEMLER: Ja, momentan (2023) sind wir gerade in einem Prozess, ein Konkordat mit einem für Österreich neuen Hochgrad-System abzuschließen, das es in anderen europäischen Ländern längst gibt und dort seit Jahrzehnten und Jahrhunderten besteht, aber in Österreich bisher noch kein Interesse gefunden hat. Nun haben sich einige Österreicher zusammengetan, die das im Ausland gesehen haben und es auch hier praktizieren wollen.

HAIDINGER: Das klingt nach einem sehr nüchternen, verwaltungsmäßigen Ablauf.

SEMLER: Ich glaube, dass man dort, wo große Emotionen im Spiel sind, diese mit einer nüchternen Verwaltungsstruktur am besten unter Kontrolle bringt.

HAIDINGER: Gilt selbst für die Hochgrad-Freimaurerei?

SEMLER: Mit Sicherheit.

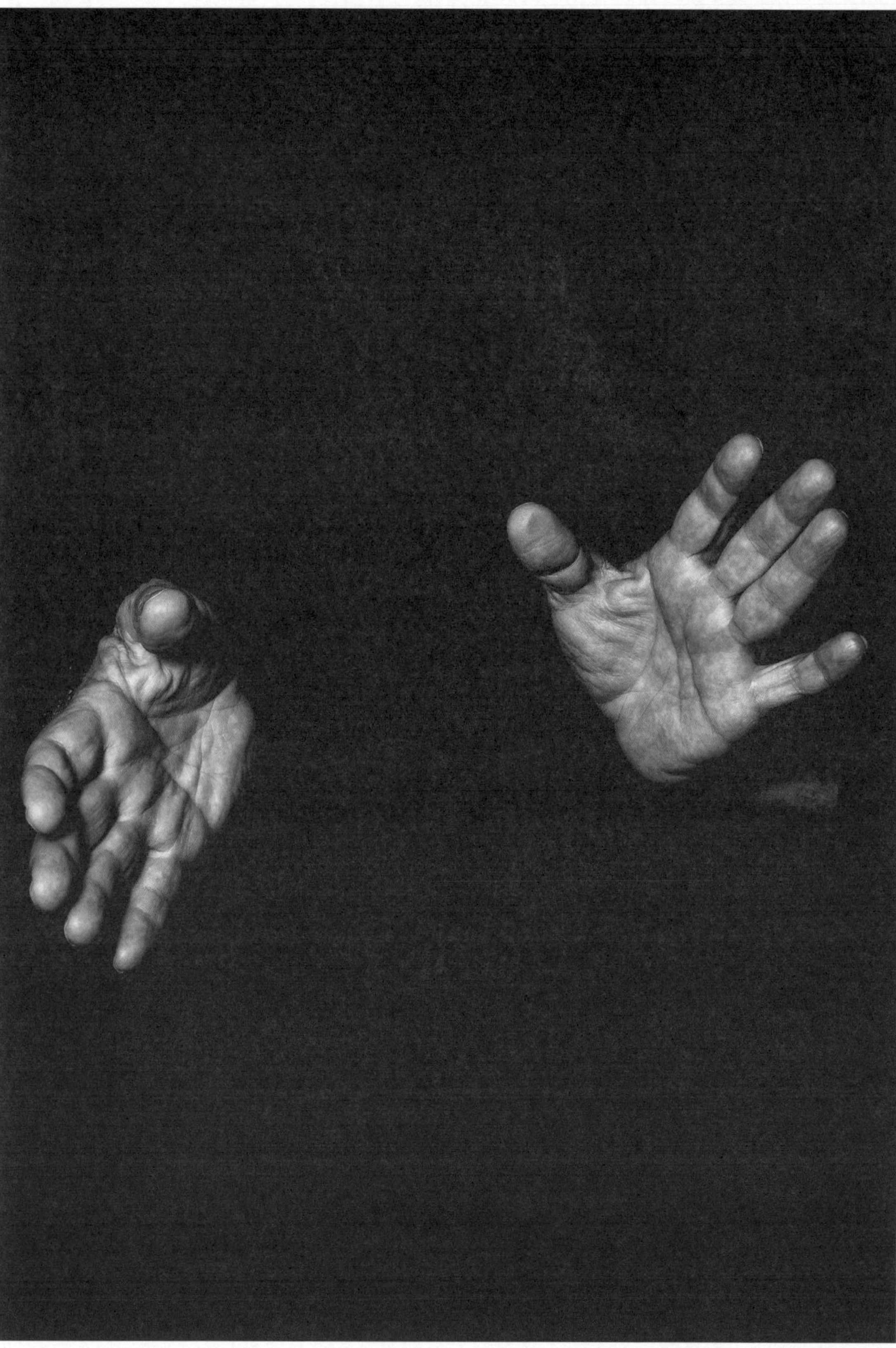

FALSCHE FLAGGEN UND FREMDE FEDERN

Freimaurerei ist keine geschützte Marke. Daher gab und gibt es viele Freimaurereien und „Freimaurereien". Praktisch jeder kann sich einen Schurz zulegen, einen rituellen Hammer in die Hand nehmen und behaupten, er sei Freimaurer. Dementsprechend verwirrend gestaltet sich die korrekte Zuordnung der jeweiligen Gruppen.

Grundsätzlich ist davon auszugehen, dass jene Vereinigungen, die geheime oder öffentliche Dokumente zur politischen Einflussnahme und Übernahme der Herrschaft in einigen Ländern oder zur Unterwanderung der katholischen Kirche verfass(t)en, der französischen Spielart der „Maçonnerie" angehör(t)en, die im 19. Jahrhundert den Weg der regulären Freimaurerei verlassen und deren „Grand Orient de France" 1877 den Bruch mit London vollzogen hat. Diese Richtung, der auch der „Grande Oriente d'Italia" zuzurechnen ist, äußert offen politische und bisweilen auch (anti-)religiöse Positionen.

Dazu kommen noch die vielen logenähnlichen Vereine, die mit klassischer Freimaurerei wenig bis nichts zu tun haben. Etwa der italienische

Geheimbund der „Carbonari", der im 19. Jahrhundert die Einigung Italiens betrieb, der Kreis um den Anarchisten und Freimaurer Michail Alexandrowitsch Bakunin (1814–1876), der die Maurerei für seine radikalen Pläne instrumentalisierte, oder der Extremfall der „Propaganda Due" (P2), eine illegale Vereinigung mit Hang ins Kriminal, die sich aus einer italienischen Loge und von dieser wegentwickelt hatte und in den 1970er-Jahren Umstürze in Italien und Südamerika plante.

Gegner der Freimaurerei ziehen einschlägige Machenschaften gerne als Belege für die Verderbtheit und Gefährlichkeit des weltweiten Bundes heran. Wie sollte man sonst Dokumente wie die *Alta Vendita* interpretieren, ein zweifelhaftes Dokument der „Carbonari" aus dem frühen 19. Jahrhundert, in dem die geplante Unterwanderung der katholischen Kirche beschrieben wird?

Reguläre Freimaurer der Gegenwart reagieren auf solche Schriften wie Gourmets, die an Haubenküche gewöhnt sind und denen man schlechtes Junkfood vorsetzt: Beides firmiert unter dem Begriff „Nahrung", aber das sei schon die einzige Gemeinsamkeit!

Dabei lassen sich viele Anwürfe und Gerüchte linear in der Geschichte zurückverfolgen: Das erzwungene Geständnis des Okkultisten Alessandro Graf von Cagliostro 1790 vor der römischen Inquisition, dass „die" Illuminaten und „die" Freimaurer die Französische Revolution erdacht, betrieben und durchgeführt hätten, rettete dem Abenteurer zwar den Kopf, bildete aber auch die Grundlage für 200 Jahre an wuchernden Gerüchten, handfesten Verfolgungen und eine harte Konfrontation der romanischen (also vor allem der italienischen und französischen) Maurerei mit der römisch-katholischen Kirche bis in die jüngere Vergangenheit. Beide Seiten blieben einander dabei nichts schuldig.

Oder nehmen wir die angeblichen Enthüllungen des französischen Gauners Léo Taxil (1854–1908), der mit seinen frei erfundenen Behauptungen über den satanistischen Charakter der Freimaurerei sowohl Logen als auch Kirche an der Nase herumführte und seinen „Taxil-Schwindel" 1897 selbst als solchen bekannte.

Trotzdem blieb von alldem ein Stückchen Unflat kleben, der bis heute zu riechen ist. So mancher Aktivist oder Publizist entfaltet auch in der Gegenwart Energien, um entweder als selbst ernannter „Freimaurer" seine Geschäfte zu betreiben oder als Freimaurer-Jäger mancherlei Geheimnisse oder „Geheimnisse", oft genug reine Erfindungen, zu enthüllen.

Wie soll man sich als Außenstehender oder sogar als Freimaurer auf diesen verwucherten Dschungelpfaden zurechtfinden? Ein Routenplaner heißt „Regularität", erläutert der Großmeister.

HAIDINGER: Georg Semler, was bedeutet „regulär"?

SEMLER: Das ist einfach erklärt. Um die Spreu vom Weizen zu trennen und im Umgang mit anderen Freimaurern, aber auch mit ausländischen Organisationsformen sicherzustellen, dass sie sich der gleichen Art von Freimaurerei verbunden fühlen wie wir selbst, und damit wir keinen Scharlatanen aufsitzen, bedarf es einer Art Qualitätssiegel. Dieses Qualitätssiegel heißt Regularität und hat objektive Kriterien, die 1723 von James Anderson fünf Jahre nach der Gründung der United Grand Lodge of England in ihrer Konstitution festgeschrieben wurden. Sie alle aufzuzählen, würde jetzt zu weit führen, aber alle, die sich diesen Kriterien unterwerfen, sind demnach regulär. Wenn wir mit einer ausländischen Großloge zu tun haben, die diese Regularitätskriterien erfüllt, dann verstehen wir das Gleiche unter Freimaurerei und vermeiden den Wildwuchs.

HAIDINGER: Jetzt gibt es ihn aber, den Wildwuchs, allerdings auch durchaus seriös erscheinende freimaurerische Systeme, die halt ganz anders geartet sind. Angefangen vom Grand Orient de France, der immerhin im 19. Jahrhundert begonnen hat, eigenständig zu arbeiten oder sich abzusondern, bis hin zu rezenteren Formen von Maurerei. Wie gehen Sie damit um und welche davon nehmen Sie wahr?

SEMLER: Wir nehmen einige davon wahr. Der Grand Orient de France ist ein gutes Beispiel der Rivalität zwischen England und Frankreich. Die Art von Freimaurerei, die die Großloge von Österreich betreibt, hat englische Wurzeln, und das französische Pendant Grand Orient definiert sich dadurch, dass es ein paar Dinge anders macht. Insbesondere ist man dort nicht mehr als Männerbund organisiert, sondern Frauen werden im gleichen Maße aufgenommen.
Sinnvollerweise hält man diese beiden Organisationen auseinander, was aber nicht heißt, dass man einander nicht wechselseitig respektiert und in profanen Bereichen, etwa bei Kulturveranstaltungen oder bei gesellschaftlichen Gelegenheiten, durchaus auch unmittelbar in Kontakt tritt. Aber in ritueller Hinsicht sagen die einen wie die anderen: Wir haben unseren Weg, und den wollen wir weiter beschreiten und uns nicht durch etwas anderes verwässern lassen.
Dass durch den fehlenden Schutz von Begriffen sich auch irgendwelche Faschingsgilden Freimaurerloge nennen können oder sich irgendwo ein Wirtshausstammtisch als Loge bezeichnet, ist in einer pluralistischen Gesellschaft zur Kenntnis zu nehmen und sollte einen eigentlich nicht weiter irritieren. Also mich irritiert es in keiner Weise.

HAIDINGER: Bleiben wir beim Thema Frauen. Es gibt ein System, das nennt sich „Le Droit Humain“, das noch stärker weiblich determiniert ist als der Grand Orient de France. In Österreich geht das Gerücht, dass dort viele

Ehefrauen oder Partnerinnen „regulärer" Freimaurer Mitglied sind. Verzahnt sich hier die reguläre mit der sogenannten irregulären Freimaurerei?

SEMLER: Na ja, der Begriff Verzahnung gefällt mir in dem Zusammenhang nicht. Es stimmt natürlich, dass viele Frauen oder Partnerinnen unserer Brüder in der weiblichen Freimaurerei aktiv sind, dort Funktionen bekleiden und wir eben gesellschaftlichen und kulturellen Austausch pflegen. Aber im Ritual verbleibt jeder für sich. Das ist unter anderem ein Regularitätskriterium, das die Großloge von England unserer Art von Freimaurerei vorgibt. Es gibt keine Spannungsfelder, weil die weibliche Freimaurerei von uns respektiert und geschätzt, und nicht als minder, sondern als gleichartig angesehen wird. Wie die Qualität der Arbeit in gemischten Logen ist, kann ich nicht beurteilen, da ich nie an einer solchen Arbeit teilgenommen habe. Ich weiß nur eines, nämlich dass Freimaurerei sich vor allem an den Einzelnen richtet und ganz stark mit dessen Persönlichkeitsentwicklung zu tun hat. Dazu gehört, dass man sich öffnet und auch Ecken seiner Persönlichkeit ausleuchten lässt, vor anderen ausbreitet, die manchmal mit Scham behaftet sind. Das funktioniert für Männer unter Männern schon schwer genug. Ich glaube, wenn man eine andere Komponente, nämlich das andere Geschlecht, ins Spiel bringt, mit all seinen Vor-, aber auch Nachteilen, würde dieser Prozess sicher behindert werden. Umgekehrt, um es zu spiegeln, legen rein weibliche Logen keinen Wert darauf, dass Männer dabei sind. Es gibt also kein Buhlen eines Geschlechts um das andere, sondern wenn man Freimaurerei richtig versteht und eben nicht als gesellschaftliche Attraktion interpretiert (dazu gibt's Sommerbälle und Kulturvereine und was auch immer, das ist aber nicht Freimaurerei), sollten die Geschlechter weiter getrennt bleiben.

HAIDINGER: Sie haben noch nie an der Arbeit einer gemischten Loge teilgenommen? Warum eigentlich nicht? Wie gehen Sie als Großmeister damit um, wenn ruchbar wird, dass ein Bruder der regulären Kette an solchen „irregulären“ Treffen teilnimmt?

SEMLER: Aus unserer Perspektive heraus ist alles, was nicht dem englischen Ritus unterliegt und kein reiner Männerbund ist, nicht regulär. Es ist daher für mich als Großmeister, und das war auch mein Leben lang als einfacher Freimaurer so, nicht statthaft, an einer Arbeit oder einem rituellen Treffen einer nicht regulären Organisation teilzunehmen. Weil das nicht in unseren Regularien festgeschrieben ist.
Wie gehe ich bei anderen damit um? Unsere Vorgaben sind sehr klar. Es ist dem Bruder nicht per se verboten, an so einer Arbeit teilzunehmen, er darf es nur nicht erkennbar als Freimaurer machen. Das heißt, er darf seine berufsüblichen freimaurerischen Bekleidungsstücke und unsere Symbole und Formulierungen nicht verwenden, kann aber als Besucher, als Privatperson jederzeit an solchen Arbeiten teilnehmen. Nicht aber als Freimaurer und sicher nicht als Vertreter der Großloge von Österreich oder als Vertreter seiner Loge.

HAIDINGER: Kommt das oft vor? Um es zugespitzt und ein wenig despektierlich zu fragen: Buhlen denn irreguläre Logen um Anerkennung von regulärer Seite?

SEMLER: Halb zog es ihn, halb sank er hin ... Natürlich ist es reizvoll für manche unserer Brüder, wenn sie ein besonders wichtiges und schönes Baustück verfasst haben, dieses einem noch größeren Auditorium zugänglich zu machen. Daraus resultiert der Drang einzelner Brüder, gern dort ebenfalls noch vortragen zu wollen. Umgekehrt ist es so, dass sich natürlich auch die eigene Ehefrau, wenn sie in der weiblichen Freimaurerei ist und eine Beamtenfunktion übernimmt oder irgendeine Feier hat, wo sie im Mittelpunkt steht, wünscht, dass ihr Ehemann dabei ist. Das sind schon Spannungsfelder, die da entstehen ... Aber ich glaube, gerade wir Österreicher haben gelernt, mit delikaten Situationen gut umzugehen. Es gibt einen österreichischen Weg, der regularitätskonform ist, aber das Kind nicht mit dem Bad ausschüttet.

HAIDINGER: Gehen andere Länder anders, entspannter oder auch strikter mit diesem Thema der irregulären Freimaurerei um?

SEMLER: Für alle regulären Großlogen und deren Logen ist klar, dass es keine gemeinsamen rituellen Arbeiten geben kann. Wie stark sich die Nähe oder Distanz in den einzelnen Ländern zwischen diesen rituell nicht vermischbaren Organisationsformen gestaltet, ist unterschiedlich. Länder wie Österreich sagen, dass unsere Logenhäuser möglichst nur uns dienen sollten. Wir vermieten diese Logenhäuser nicht an andere Obödienzen, andere Systeme. Wenn ich mir aber jetzt die Mutter aller Großlogen, die United Grand Lodge of England, anschaue, dann vermietet die sogar ihren großen Festsaal für Veranstaltungen der weiblichen Großloge in London. Da gibt es keine Berührungsängste.

HAIDINGER: Kommen wir zu weniger harmlosen Entwicklungen. Wenn man heute beispielsweise die Schlagworte Freimaurerei und Verschwörung oder Bedrohung googelt, gelangt man automatisch zum Begriff „Propaganda Due“ (P2). Er steht pars pro toto für eine Entartung der Freimaurerei. Das wird aber nicht von allen so gesehen. Manche meinen: Na ja, es ist doch nicht überraschend, sondern eine logische Entwicklung, dass sich in einer geheimen Loge in Italien in den 1970er-Jahren die 1500 wichtigsten Männer Italiens unterschiedlicher politischer Bekenntnisse, darunter auch Silvio Berlusconi, zusammengeschlossen haben, um das Land zu übernehmen. Ist P2 als Chiffre für Fehlentwicklungen der Freimaurerei zu nehmen?

SEMLER: P2 war keine Entartung der Freimaurerei, sondern eine der menschlichen Kultur, des Staatswesens in Italien, das nach einer Organisationsform gesucht und in der Freimaurerei eine Hülle gefunden hat, die es wert war, kopiert zu werden, weil sie so eine schöne Struktur hat. Man hat eine überkommene, im Grande Oriente d'Italia existierende Loge quasi gekapert, der die P2 bereits 1974 ausgeschlossen hatte. Die hat sich dann einfach weiter Loge genannt, ohne in Wahrheit eine zu sein. Das ist also genau genommen nicht aus der italienischen Freimaurerei entstanden, sondern hat sich an ihr festgesaugt und ist mit mafiösen Methoden teilweise in sie eingedrungen. Es war eine Gruppe von Menschen, die Schädliches wollten, sich dieses Deckmäntelchen übergestülpt und sich Freimaurer genannt haben, ohne es zu sein. Daher ist P2 ein gesellschaftliches und ein staatliches, aber kein genuin freimaurerisches Problem, wenngleich es durch die Entlehnung des Namens bestimmter Organisationsformen und Begrifflichkeiten, die wir auch verwenden, von außen natürlich schwer auseinanderzuhalten ist und all das sehr rasch der ganzen Freimaurerei angehängt wurde.

HAIDINGER: Es war aber auch vielleicht sogar von innen schwer zu erkennen, in dem Moment, als das 1981 aufgeflogen ist – völlig aufgeklärt ist dieser bis dahin größte Skandal der italienischen Nachkriegsgeschichte bis heute nicht. Der verschwörerische Teil war ja geheim, nämlich wirklich geheim. War man da nicht doch auch bei den „echten" Freimaurern verunsichert?

SEMLER: Das, was ich über die P2 weiß, ist, dass sie in ihrem ganzen Ausmaß in den 1970er-Jahren bis zu ihrer Auflösung 1982 viel geheimer war als jede Freimaurerloge. Denn die Freimaurerloge steht im Vereinsregister mit einem Obmann, einem Kassier und einem Schriftführer, ist behördlich gemeldet. Sie ist in Diskretion, aber nicht im Geheimen tätig. Die P2 tat natürlich gut daran, im Geheimen zu bleiben. Das war einfach eine kriminelle und keine freimaurerische Vereinigung.

HAIDINGER: In Süd- und Südosteuropa gab's noch andere Beispiele: Den jugendlichen serbischen Attentätern der Gruppe „Mlada Bosna" („Junges Bosnien"), also etwa Gavrilo Princip, die im Jahr 1914 Erzherzog Franz Ferdinand in Sarajevo ermordeten, redeten ihre Führungsoffiziere der „Schwarzen Hand" ein, sie würden im Auftrag der Freimaurerei handeln. Hatte offenbar einen guten Klang in manchen Kreisen ... Worauf ich hinauswill: Ist es denn auszuschließen, dass es tatsächlich freimaurerische Systeme gibt, die sich in Richtung politischer Kampftruppen entwickeln?

SEMLER: Im Jahr 1914 gab es im Königreich Serbien eine französisch orientierte, nicht übermäßig entwickelte Freimaurerei, die zwar politisch orientiert war und beim Aufbau des Landes eine Rolle gespielt hat, aber es wurde niemals auch nur annähernd bewiesen, dass sie beim Attentat von Sarajevo eine Rolle gespielt hat.
Bei solchen kollektiven Schockerlebnissen wird die Freimaurerei natürlich zu einer willkommenen Projektionsfläche für alles, was man nicht so genau weiß. Man kann es sich dadurch besser verständlich machen, indem man sagt: Ja, da steckt eine Struktur dahinter. Dann ist alles von sich aus logisch! Das ist allerdings reine Projektion und Fiktion und hat sehr wenig mit Freimaurerei zu tun. Es ist der Preis, den wir für unsere Zurückhaltung zahlen.
Wir halten es mit der Öffentlichkeitsarbeit ein bisschen so wie der englische Königshof zu Lebzeiten der Queen. Wenn die *Sun* über sie geschrieben hat, dass sie mit 80 angeblich noch einmal schwanger wird, gab es auch kein Statement des Hofes, sondern man hat es ignoriert. Wir Freimaurer, die Großloge, reagieren gegenüber Medien genauso.

HAIDINGER: Wird's nicht trotzdem kritisch, wenn im Jahr 2011 in Norwegen der Rechtsextremist Anders Breivik in Oslo und auf der Insel Utøya einen Massenmord begeht und dann private Bilder von ihm auftauchen, die ihn in freimaurerischer Montur zeigen? Er war ja tatsächlich dabei und wurde nach seiner Tat sofort ausgeschlossen. Wie schwer schädigt so etwas das Ansehen der Freimaurerei?

SEMLER: Natürlich ist das schädlich! Wir haben auch in Österreich problematische Fälle. Die reguläre Freimaurerei reagiert da sehr rasch und schließt Leute, die sich aus welchen Gründen auch immer schwere Verfehlungen zu Schulden kommen lassen, sofort aus ihren Reihen aus.
Ein Phänomen ist allerdings zu beobachten: Weil Herr Breivik, dessen Taten natürlich aus vollem Herzen zu verurteilen sind, zuvor Freimaurer war, wird von manchen daraus der Schluss gezogen, dass alle Freimaurer das Potenzial hätten, so zu handeln. Wieso? Es spekuliert doch auch kein Mensch darüber, dass alle Christen solcher Taten fähig wären, nur weil Herr Breivik halt christlichen Glaubens ist.

HAIDINGER: Damit sind wir mitten im Reich der Unterstellungen und der wilden Assoziationen und Spekulationen. Nicht erst seit Dan Browns Romanen wie *Illuminati*, sondern auch schon vorher wurde und wird in der Popularkultur gerne mit Begriffen wie Illuminaten, Rosenkreuzer, Freimaurer jongliert und ein Bild erzeugt, das ein Amalgam aus all diesen Begriffen darstellt. Jetzt gibt es tatsächlich auch heutzutage noch Vereine, die sich Rosenkreuzer nennen. Wie gehen Sie mit denen um?

SEMLER: Gar nicht.

HAIDINGER: Aber es gab im 18. Jahrhundert doch Schnittmengen mit dem aufklärerischen Illuminatenorden, in dem ein Drittel der Mitglieder

Freimaurer waren, und auch mit den Rosenkreuzern auf der anderen, der mystischen Seite.

SEMLER: Der Umstand, dass man sich vielleicht auf ähnliche, Jahrhunderte zurückliegende Rituale oder Umgangsformen bezieht, heißt noch lange nicht, dass das eine Familie ist oder aus einem Guss. Das ist alles sehr weit weg. Nur weil ein Ritualteil oder eine Legende, die Teil einer Lehre, einer Erklärung, eines Lehrinhaltes ist, da wie dort Anwendung findet, heißt das noch lange nicht, dass es dasselbe ist. Aus unserer Sicht sind Rosenkreuzer und Illuminaten Phänomene der Geschichte.

HAIDINGER: Ich nehme an, dass das auch für die Templer gilt, deren sagenhafte Traditionen angeblich in die Freimaurerei eingeflossen sind. Heute gibt es gar nicht so wenige Vereine, die sich Templer nennen. Mit denen haben Sie aber nichts zu tun?

SEMLER: Gar nichts. Wir haben auch mit den Bilderbergern und ihren Konferenzen, an denen einflussreiche Persönlichkeiten aus Politik und Wirtschaft teilnehmen, nichts zu tun. Das wäre die nächste Frage, die sich normalerweise daran anschließt. Ich finde es interessant, was über die Bilderberger erzählt wird, habe selbst allerdings überhaupt keine Wahrnehmung oder Beobachtung dazu. Mir wäre auch nicht bekannt, dass einer meiner Freunde, die Großmeister in anderen europäischen Ländern sind, je zu irgendeinem Bilderbergertreffen eingeladen gewesen wäre. Persönlich würde ich mich über eine Einladung freuen, weil da sicher sehr gescheite Leute beisammensitzen, aber es hat überhaupt nichts mit Freimaurerei zu tun.

HAIDINGER: Und auch der „Great Reset" ist nicht auf Ihrem Mist gewachsen, die Initiative von Klaus Schwab, dem Direktor des Weltwirtschaftsforums (WEF), die neuerdings für die Weltherrschaftsfantasien schlechthin steht?

SEMLER: Nein, das kann ich ausschließen.

HAIDINGER: Was aber vom historischen Ablauf doch einen Realitätsgehalt hat und personelle Überschneidungen birgt, betrifft die Service-Clubs: Rotarier, Lions, Kiwanis. Sie wurden vor 120 Jahren durchaus von Freimaurern gegründet ...

SEMLER: Ja, aber mit einer anderen Zielsetzung als jener der Freimaurerei. Es ist absolut nichts verkehrt daran, wenn Freimaurer gute Ideen in anderen Bereichen haben und außerhalb des Bundes positive Projekte mit ihrer humanitären Einstellung auf den Weg bringen.
Sie sprechen zu Recht von Service-Clubs – das ist die Freimaurerei nämlich gar nicht. Sie richtet sich an den Einzelnen und will ihm die Möglichkeit geben, seine Persönlichkeit, seinen Charakter zu formen, seine Gedanken ein wenig zu verfeinern, während Service-Clubs wie Rotarier – ich bin nicht Rotarier –, vor allem Charity und auch gesellschaftliche Themen im Mittelpunkt haben und natürlich für alle Geschlechter offenstehen. Das ergibt sich schon aus deren Zielsetzung. Ähnlich ist es wohl bei den Lions. Und dann sind da noch Vereine wie die Schlaraffen, die ebenfalls mit der Freimaurerei in keinem Zusammenhang stehen. Von ihnen weiß man, dass sie neben Humor und Menschenfreundlichkeit besonders gutes Essen schätzen. Nun ist es nicht so, dass Freimaurer gerne schlecht essen würden, allerdings sind die Mahlzeiten bei den freimaurerischen Treffen erfahrungsgemäß zwar sättigend, aber nicht unbedingt Haubenküche ...

HAIDINGER: Also stimmt es nicht, was da und dort immer wieder zu hören ist, dass die Service-Clubs ein Keilboden, ein Keilreservoir, eine Personalreserve für die Freimaurerei sind?

SEMLER: Nein, in keiner Weise. Keilreservoir ... Wie meinen Sie das?

HAIDINGER: Na, dass die Freimaurerei bewusst bei Rotariern und Lions nach potenziell geeigneten Kandidaten Ausschau hält.

SEMLER: „Ausschau halten“ auf diese Weise ist nicht unsere Art. Die Freimaurerei bezeichnet Männer, die dem Bunde nähertreten und eventuell aufgenommen werden wollen, als „Suchende“. Das setzt einen willentlichen Beschluss dessen voraus, der zu uns kommen will. Dagegen haben wir mit den „Gefundenen“, um es sprachlich aufzulösen, gar keine guten Erfahrungen gemacht, haben daraus unsere Lehren gezogen und vermeiden es. Es bringt nichts, Prominenten, Politikern, Schauspielern oder Wirtschaftsmagnaten im Erwachsenenalter einzureden, sie sollten jetzt Freimaurer werden, weil das, worum es in der Freimaurerei in Wirklichkeit geht, dort dann nicht mehr auf fruchtbaren Boden fallen wird.
Umgekehrt haben wir beste Erfahrungen mit Männern gemacht, die sich in jungen Jahren für Freimaurerei interessiert haben und erst später in bestimmte Funktionen gekommen, ihre Karriere gemacht haben, zu Wirtschaftsmagnaten aufgestiegen und trotzdem Freimaurer geblieben sind.

HAIDINGER: Man fischt im Teich nicht die alten Fische ...

SEMLER: ... sondern die jungen mit Zukunft.

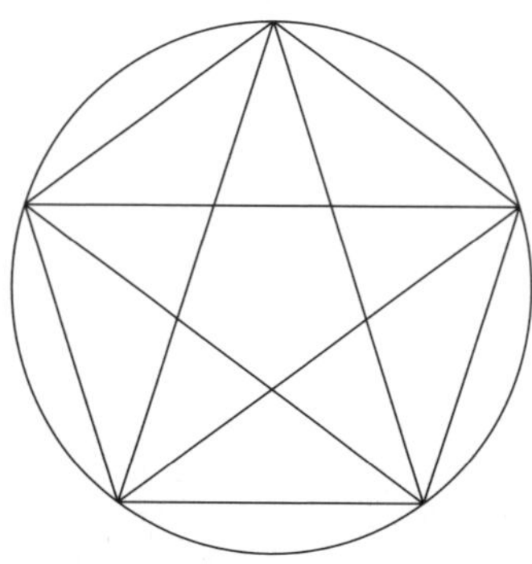

VERKLÄRTE MACHT: ANSPRUCH UND EINFLUSS DER FREIMAUREREI UND IHRE GRENZEN

Viel haben wir bisher erfahren über die Arbeit am rauen Stein und an sich selbst, über Brüderlichkeit und Menschenliebe, Glaube und Erkenntnis und die Weltenkette. Warum kommen wir dann in unseren Gesprächen mit dem Großmeister Georg Semler trotzdem immer wieder auf die so gar nicht nach Idealismus riechenden Themen Macht und Einfluss der Freimaurerei zu sprechen? Dass sie nur Ausgeburten paranoider Halluzinationen wären, wie in Büchners *Woyzeck*, wo es heißt „... das waren die Freimaurer, ich hab's, die Freimaurer, [...] Es pocht hinter mir, unter mir [...] hohl, hörst du? Alles hohl da unten. Die Freimaurer!" – das wäre wohl ein Totschlagargument und nicht im Sinne einer seriösen Beschäftigung mit unserem Thema. Mit Banalisierung täte man der Freimaurerei genauso unrecht wie mit ihrer Dämonisierung. Liegt ihr Einfluss bloß in der gesellschaftsprägenden geistigen Kraft ihrer Mitglieder? Oder mischt sich da nicht doch gelegentlich eine unsichtbare Hand in öffentliche Dinge ein? Eine Hand, die man nicht sieht, aber spürt?

HAIDINGER: Georg Semler, jede Institution, die die Welt verändern oder besser machen möchte, will doch Einfluss ausüben, denn sonst wäre sie ja ein in sich geschlossener Club von geistigen Onanisten, die dann am Ende des Abends sagen: Auf Wiedersehen, es war nichts ... Wie verhält sich das mit dem Anspruch und dem Einfluss der Freimaurerei und ihren Grenzen?

SEMLER: Noch einmal sei's gesagt: Die Freimaurerei als solches, die Großloge als Organisationsform hat oder verfügt über keinerlei Macht. Unbestritten ist aber, dass einzelne Freimaurer in bestimmten Bereichen einflussreich sind und dort unser Gedankengut, das freimaurerische Gedankengut, in ihre Arbeit, in ihr Wirken einfließen lassen. Diesen mittelbaren Einfluss hat die Maurerei auf die Gesellschaft. Aber es ist keinesfalls so, dass der Sitz der Großloge ein Machtzentrum ist. Dort verkehren Menschen, deren einige mitunter einflussreiche Funktionen bekleiden und ihren Einfluss geltend machen. Dazu bekennen wir uns.

HAIDINGER: Gut. Das klingt aber doch wie ein Rückzug auf institutionelle Erklärungen. Suchen Sie nicht doch auch bewusst Menschen für Ihre Reihen, die Macht und Einfluss haben?

SEMLER: Wie schon vorher erwähnt, hat es noch selten funktioniert, einen Mächtigen im fortgeschrittenen Alter, wenn er seine Macht bereits hat, für die Prinzipien der Freimaurerei zu interessieren. Er kommt nicht mehr wirklich an, er hat weder die Zeit noch die Muße oder die Bereitschaft, sich darauf einzulassen.
Erfolg verspricht es, junge Menschen, die noch aufnahmefähig sind, für die Freimaurerei zu interessieren. Wenn es die Richtigen sind, werden sie in ihrem beruflichen Wirken jene Positionen erlangen, dass sie dann dort wirken können.

HAIDINGER: Jetzt ist die Freimaurerei aber nicht gerade als Jugendclub bekannt.

SEMLER: Wir sprechen sehr wohl junge Menschen an! Natürlich ist der Altersschnitt der Freimaurerei höher als in anderen Institutionen. Das liegt allerdings daran, dass sie auf eine lebenslange Mitgliedschaft hin angelegt ist und kein überzeugter Freimaurer, nur weil er älter wird und vielleicht aus Gesundheitsgründen nicht immer regelmäßig kommen kann, deswegen der Freimaurerei den Rücken kehrt und austritt. Daher ist das statistische Durchschnittsalter etwas höher, aber das liegt in den Umständen begründet.

HAIDINGER: Wie betreiben Sie eigentlich Nachwuchsarbeit? Wenn Sie sagen, Sie wollen junge Menschen ansprechen – gibt's da Vorfeldorganisationen? Und wenn ja, dürfen Sie uns die verraten?

SEMLER: Wir sind keine politische Partei mit strukturellen Vorfeldorganisationen. Wir haben aber einen ebenfalls als Verein organisierten Club für interessierte Töchter und Söhne von Brüdern. Die veranstalten vor allem Charity-Projekte und treffen sich regelmäßig einmal in der Woche. Wir stellen ihnen eine Räumlichkeit sowie andere Rahmenbedingungen zur Verfügung. Sie werden langsam an unsere Ideen, an unsere Ideale herangeführt. Es gibt auch Freimaurer, die dort Vorträge halten, wenn das erwünscht ist, aber ansonsten ist es wie ein Studentenclub. Das ist das Einzige, was mir als Vorfeldorganisation einfällt. Die Richtigen finden schon den Weg zu uns. Sei es, dass sie von einem Freimaurer als solche erkannt und angesprochen werden, oder sei es, dass sie sich von sich aus auf den Weg machen.
Man kann ja – wir haben es schon früher angesprochen – auch dadurch Freimaurer werden, dass man einfach einen Brief an die Großloge von

Österreich schreibt, dann mit ein paar Herren Gespräche führt, und wenn die danach der Meinung sind, dass ihnen das Anliegen ehrlich und gerechtfertigt erscheint, dann wird der Mann ganz normal Freimaurer, ohne dass er irgendeinen Protegé hat.
Der andere Weg ist, dass man angesprochen wird. So ist es mir mit 27 Jahren passiert, als mich ein väterlicher Freund zur Seite genommen und gesagt hat: „Du, ich schätze dich als aufgeweckten jungen Mann. Da gibt's etwas ... Ich geb dir mal was zu lesen, vielleicht interessiert dich das." Und es hat mich interessiert.

HAIDINGER: Es gibt Politiker, die Freimaurer sind, und der Verdacht liegt natürlich nahe, dass hier eine Verabredungskultur existiert. Ist die Freimaurerei ein Boden für Verabredungen beziehungsweise Übereinkünfte politischer Natur?

SEMLER: Grundsätzlich ist Verabredung nichts Negatives. Es gibt auch Verabredungen zum Guten, und die haben dann eigentlich nur einen positiven Effekt. Wir haben in unseren Reihen aktive Politiker und auch Männer, die ehemals in der Politik waren, die ganz unterschiedlichen Parteien angehören. Freilich sind einige Ideologien bei uns wenig bis kaum vertreten, also jede Art von Radikalismus und Parteien, die gerade noch im Verfassungsbogen am Rand dahinschrammen. Die haben bei uns wenig verloren. Aber alle anderen sind willkommen.
Was ist der Vorteil? Wenn sie als Brüder miteinander sprechen, können sie inhaltlich ganz unterschiedliche Standpunkte haben, aber in dieser Kommunikation sind sie primär Brüder, werden ehrlich miteinander umgehen und nicht versuchen, einander irgendwie über den Tisch zu ziehen oder einander ein Bein zu stellen. Durch diese Ehrlichkeit ergeben sich oft Lösungen von Problemen, die in der normalen Polarisierung der politischen Diskussion nicht möglich waren.

HAIDINGER: Früher hat man so etwas „Querfront" genannt. Das ist natürlich etwas, das bei den orthodoxen Parteigängern und Politikern der jeweiligen Parteien nicht auf Gegenliebe stößt.

SEMLER: Ja, weil Politik sehr oft davon lebt, dass man Polarisierungen kultiviert. Man muss sich ja abgrenzen, gegen das Denken des anderen aufdrehen, gegen dessen Ideen auftreten. Wenn dann ein konstruktiver Dialog unterschiedlicher Menschen und unterschiedlicher Positionen entsteht, ist das all jenen, die vom Konflikt leben, natürlich ein Dorn im Auge.

HAIDINGER: Was die Gegner vielleicht als Gemauschel wahrnehmen, würden Sie als konstruktives Gespräch über die Parteigrenzen hinweg bezeichnen?

SEMLER: Ja, weil's dem Guten dient!

HAIDINGER: Und das Gute ist das Lösungsorientierte?

SEMLER: Ja! Probleme nicht noch größer werden zu lassen und schlussendlich als unlösbar hinzustellen, mit der Konsequenz, dass die Menschen dann mit einem Konflikt weiterleben sollen und mit einem ungelösten Problem unglücklich werden.

HAIDINGER: Sie haben in einem unserer früheren Gespräche gesagt, Freimaurer wollen oder sollen glückliche Menschen werden. Das würde in diese Kerbe schlagen.

SEMLER: Genau. Und sie sollen auch auf ihre Umwelt einwirken, dass die Menschen dort genauso glücklicher werden. Das kann man durch konstruktive Arbeit im Kleinen schon erreichen.

HAIDINGER: Das ist wohl in anderen Weltgegenden und Kulturkreisen und zu anderen Zeiten individuell immer verschieden. In Indien, Finnland, Argentinien oder Österreich werden sich lösungsorientierte Gespräche über Parteigrenzen hinweg jeweils anders abspielen.

SEMLER: Natürlich, die Länder haben auch ganz unterschiedliche Probleme zu lösen. Und der Dialog kann ja immer nur auf ein konkretes Problem bezogen sein. Aber wir sind einfach davon überzeugt, dass der aufrichtige Dialog frei von Hinterhalten der Lösung dient und auch den Menschen dient, die mit den Konsequenzen zu leben haben.

HAIDINGER: Man könnte dann eigentlich sagen, dass eine funktionierende Freimaurerei denjenigen ins Handwerk pfuscht, die eine stringente und radikal durchgezogene politische Orthodoxie verfolgen und lege artis deduktive Ideologien durchexerzieren.

SEMLER: Ja, das sehe ich auch so, weil die Freimaurerei eben die Vernunft und nicht das Dogma im Vordergrund hat. Wirklich dogmatisches Denken, das nur in Schwarz-Weiß, in Feindbildern kategorisiert, ist selten zum Wohl der Menschen, es bringt mehr das Trennende heraus als das Gemeinsame. Und wir streben auch über Parteigrenzen hinweg nach dem Gemeinsamen.

HAIDINGER: Besteht da nicht die Gefahr, dass etwas verwaschen wird, was nicht verwaschen werden soll?

SEMLER: Warum soll es nicht verwaschen werden? Wenn es eine konstruktive und dem Menschen dienende Lösung ist, hat das nichts mit Verwaschensein zu tun.

HAIDINGER: Sie sind also nicht konsequent inkonsequent, sondern haben den Zugang, dass Sie diejenigen konterkarieren wollen, die ihre Mitmenschen mit ihren Ideologien quälen ...?

SEMLER: In jeder Partei, in jeder Organisation gibt es Hardliner. Sie haben ihre Rechtfertigung immer darin, dass sie die reine Lehre einfordern und den Konflikt mit Andersdenkenden suchen. Diese Konflikte führen jedoch selten zum Glück aller Beteiligten. Brüder in bestimmten Funktionen versuchen eher, das Gemeinsame zu finden und Konflikte daher vernünftig abzuarbeiten. Gerade bei Spannungen kann in einem brüderlichen Gespräch etwas viel offener und klarer gesagt werden, als es die gleichen Menschen in einem öffentlich zugänglichen Diskurs formulieren könnten, wo alle Hardliner mithören und zuschauen.

HAIDINGER: Und wenn es funktioniert, besteht dann darin die Macht der Freimaurerei?

SEMLER: Ja. Wenn die Lösung eintritt, ist es wie von Geisterhand passiert.

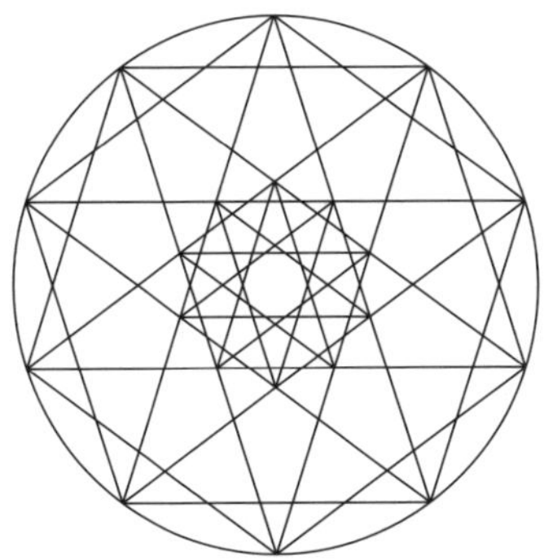

EPILOG

In zwölf Antworten des amtierenden Großmeisters der Großloge von Österreich haben wir einen nicht alltäglichen Einblick in die Eigensicht der Freimaurer erhalten. Viele Fragen wären noch zu stellen gewesen, manches ist ungeklärt und wird es wahrscheinlich auch bleiben. Einiges in diesen kritischen Gesprächen ist wohl auch zwischen den Zeilen zu lesen und wird zum Nach- und Weiterdenken anregen. Mag mancher nun stärkeres Interesse an der „Königlichen Kunst" entwickelt haben, so werden vielleicht auch Gegner des Bundes in ihren Vorbehalten bestärkt. Das liegt in der Dialektik der Zugänge zum Thema. Eine allgemeingültige Synthese ist unmöglich.

Zur Geschichte der Freimaurerei und zu ihrer geistesgeschichtlichen Einordnung existieren Hekatomben von Literatur, neutral und parteiisch, für und wider den Bund, seriös und zwielichtig, aktuell und veraltet. Möge jeder Interessierte darin selbst auf die Reise gehen und für sich Spreu vom Weizen trennen.

Ein Freimaurer hat einmal gesagt, dass der Idealzustand der Menschheit dann erreicht wäre, wenn die Freimaurerei überflüssig würde. Das mag man als Anmaßung, wenn nicht als Überheblichkeit einstufen, aber aus seiner Sicht hat er wohl ebenso recht wie jener andere seiner Brüder, der nicht frei von Pathos befand: „Die Liebe zu den Menschen, die Brüderlichkeit ist überzeitlich. Freimaurerei ist nicht zeitgemäß, sondern notwendig, und deshalb wird sie ihre Aufgabe haben, solange die Welt besteht."

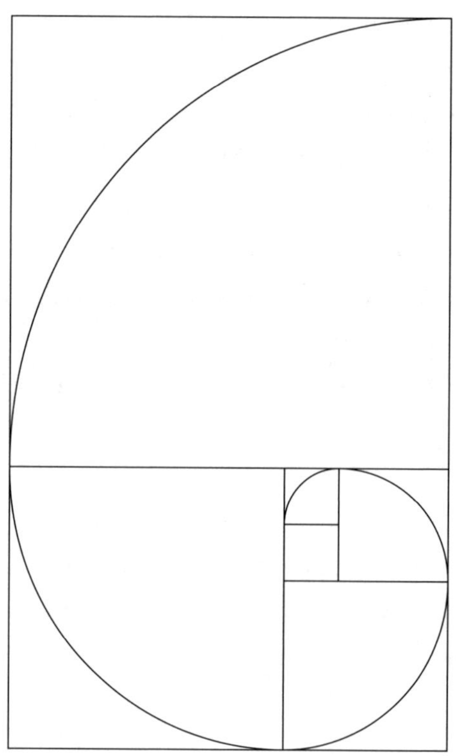

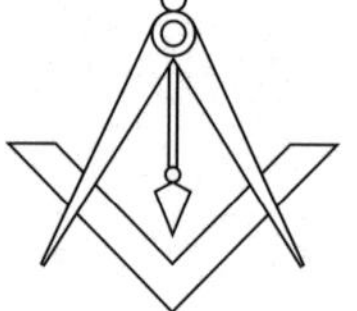